大阪ことばの謎

金水 敏

SB新書
691

はじめに

「駄談会《だだんかい》」というトークイベントがあります。タイトルは、もちろん「座談会」をもじったものです。たぶん、ほとんどの方は知らないはずで、ネットで検索しても、断片的な情報しか出てこないでしょう。

この会の発案者である放送作家のHさんと、国立大学医学系名誉教授で現在隠居中のN・Tさん、某在阪放送局看板アナウンサーのN・Yさん、そして最近加入の私が、大阪はキタ（梅田周辺）の小ぶりなライブハウスに集まった聴衆とともに、心の赴くままにおしゃべりをして九〇分を過ごす、という催しです（Hさん、N・Tさん、N・Yさんは本書のどこかに再登場します）。月一で開催していた時期もありますが、現在は不定期開催です。

客数はまあ一〇名から二〇名の間くらいといったところです。これといって、トークテーマは設けません。シナリオも、打ち合わせもありません。たった一つの縛りは、「役に立つことをしゃべってはいけない」ということです。啓蒙的・教育的な発言も、政治批判も自然に避けられます。クローズドな会なので、きわどい話題も時々出はしますが、出演者の知性と品性と教養（？）によってしっかり抑制が効いております。使用言語は、四人中三人が大阪出身なので、自然に大阪弁になります。お客さんも当然大阪弁で絡みます。

これはいったい、何を目的とした会なのでしょうか？

それは、ただひたすら、出演者が、喋りたいのです。もちろん大阪なので、笑いを誘う話柄が多いですが、芸人のネタ見せではないので、笑いを取ることだけが目的ではありません。一方的な講演でもありません。四人のメンバーが、お互いの話を聞きながら、その場で触発されて質問したり自分の話題に持っていったりという、即興のやり取りを楽しみます。お客さんも、四人のおしゃべりを聞いているだけではなくて、けっこうぐいぐい、出演者の話に絡んで発言されます。

こんな奇妙な会がもう七年以上続いています。これは本当に、大阪だから続いている会だと思います。東京や神戸に遠征することもかつてありましたが、やはり大阪が一番しっくりくるのです。

＊

本書は、こんな「駄談会」が成立する大阪という土地柄、そしてそこで育った大阪弁という言語の不思議さに迫ることを目的としています。

大阪弁（そして広く関西弁）は、いろいろと謎の多い言語です。そもそも大阪弁と関西弁はどういう関係にあるのか。大阪弁はいつ頃、どういうふうに成立したのか。また、「京橋《きょうばし》はええとこだっせ」「あほちゃいまんねん」といった〝コテコテ大阪弁〟を使う人は今日でもいるのか。そして最大の謎は、明治時代の標準語成立以後、各地の方言が急速に弱体化していく中で、大阪弁・関西弁が未だに強い存在感を保ち続けているどころか、日本全国の日本語話者に影響を与え続けている点です。本書は、これらの謎に精一杯取り組んで、解き明かすことを目標としています。

本書は、この目標のために、大阪弁や関西弁を特徴付けるリズムやメロディー、大阪弁・関西弁を作り上げている地理や歴史的状況、関西人のコミュニケーションスタイルと、内外から見た大阪人・関西人のステレオタイプと現実、といった面からアプローチしていきます。また各章の末尾には、大阪弁を特徴付ける語と文法の話題をコラムとして配置しました。

ここで、著者である私自身について少し紹介しておきます。私は、一九五六年に大阪市天王寺区で生まれ、六歳で北区に転居、そこで高校卒業まで一二年を過ごしました。その後東京大学に進学し、国語学（日本語学）を学びました。大学院を出て東京大学助手から神戸大学教養部に就職、その後関西の大学をいくつか経て、二〇二二年には大阪大学大学院文学研究科を退職し、執筆時現在は放送大学大阪学習センターに勤務しています。

このように、東京帰りの大阪弁のネイティブ話者で、言語学者で、かつ「役割語」（言語のステレオタイプ、第五章で詳しく説明します）の専門家という経歴は、本書の視点を立体的にしていくことに大いに役立っていると思います。参照した資料は、文楽《ぶんらく》、落語、小説、漫才、インタビュー、マンガ、アニメ、ドラマとバラエティに富んでいます。

本書によって、新たな視点から、大阪弁・関西弁の謎と魅力が存分に味わえるはずです。大阪・関西に住む人も、その外にいる方々も、どうぞ本書のページをめくって、大阪弁・関西弁の多彩な世界をたっぷりお楽しみください。

大阪ことばの謎　目次

はじめに……3

第一章　大阪人のしゃべりはなぜ軽快か――大阪弁のリズム……15

もし関西弁のカーナビがあったら／関西弁のリズムとオノマトペ／オノマトペとは何か／三島由紀夫の批判／一般オノマトペと詳細オノマトペ／落語のオノマトペ西東／市井の人々のことば／関西人がオノマトペを多用するのはなぜか／繰り返し表現について／なぜ繰り返すのか／「ん」が作るリズム／この章のまとめ

コラム1　ちゃうちゃうちゃうちゃうんちゃう？――「ちゃう」について……42

第二章　歌う大阪弁――アクセントが作ることばのメロディー……45

「オーマーエーハーアーホーカ」／アクセントとは何か／アクセントでばれる

「エセ関西弁」／自然とメロディーになる／祇園祭宵宮のろうそく売り／テレビCMにあふれる関西アクセント／関西弁有名フレーズのアクセント／なぜ関西アクセントはメロディーが豊富なのか／この章のまとめ

コラム2 ソース二度漬け禁止やで――指定辞の「や」……72

第三章 大阪弁・関西弁はひとつじゃない
――「ほんもの」の大阪弁とは？……75

万城目学の小説と方言／東日本の「〜ない」、西日本の「〜ん」、そして関西の「〜へん」／関西弁の使用地域／関西弁の基層を作った京都方言／北の地域は別の国――兵庫県／独自の発達を遂げた和歌山方言／奈良方言・滋賀方言・三重方言／「京都」対「大阪」の由来／なぜ京都と大阪は対立するのか／大阪方言深掘り①――摂津方言と船場ことば／大阪方言深掘り②――河内方言の過去と現在／大阪方言深掘り③――泉州方言の独自性／「ほんもの」の大阪弁はある

のか／この章のまとめ

コラム3 地震や、揺れてはる――ハル敬語について……102

第四章 大阪弁はいつ、どのように生まれたのか
――「コテコテ大阪弁」の誕生とその後……105

歴史ドラマのうそ／大阪の性格は変わり続けてきた／古代、「大阪」はなかった／大阪の誕生／大阪弁の基盤ができる――元禄期の大阪の文芸より／「標準語」の時代／コテコテ大阪弁の完成――大大阪の時代／お笑い文化の継承・発展と大阪弁の拡散／上方落語の人気者たち／漫才の隆盛と全国化／語彙から見た大阪弁の変化／この章のまとめ

コラム4 アホちゃいまんねん、パーでんねん――コテコテ大阪弁の敬語たち……132

第五章　大阪人は本当にけちか――ステレオタイプの成立と変容……137

『海辺のカフカ』より／村上春樹作品と関西弁／「役割語」から見た関西弁キャラ／地域用法とキャラ用法／パーやん――『パーマン』／マンモス西――『あしたのジョー』／西一――『いなかっぺ大将』／シャイロック――『ヴェニスの商人』／〝古典的〟な関西弁キャラの特徴／新しいタイプの関西弁キャラ／相田彦一――『SLAM DUNK』／鈴原トウジ――『新世紀エヴァンゲリオン』／保科宗四郎――『怪獣8号』／服部平次・遠山和葉・大岡紅葉――『名探偵コナン』／後藤義雄――『地面師たち』／平成・令和の関西弁キャラクターの特徴／再び村上春樹へ――方言の「アイデンティティー用法」／この章のまとめ

コラム5　「さん」と「はん」――「おけいはん」は正しいか……172

第六章　大阪人のコミュニケーションはどこがちがうのか
——大阪人はストリートファイター　……175
おつりは二〇〇万円！／「正しく」も大事だが「楽しく」も大事／ボケとツッコミという文化／大阪の芸能は大阪的コミュニケーションの歴史を映し出す／上方落語と江戸・東京落語／「時うどん」vs.「時そば」／しゃべくり漫才の発生と展開／上方漫才と東京漫才の違い／漫才における関西弁の影響力の相対的低下／大阪人はストリートファイター／この章のまとめ
コラム6　「自分」って誰？——自称詞と対称詞にまたがる代名詞　……202
第七章　日本語話者はなぜ大阪弁に魅せられるのか
——ポストモダン化する日本語話者　……205

在阪アナウンサーの思い／他方言を受け入れる二つの動機／上方由来の挨拶言葉／関西弁取り込みの新層と新古層／大阪弁のポストモダン性／テレビが広めた関西弁「どんくさい」／最新層の表現――「知らんけど」を掘り起こす／「知らんけど」はなぜ受けるか／エセ関西弁の破壊力／村上春樹作品のエセ関西弁／この章のまとめ

コラム7 ゆうた、しもた、こうた、わろた――全国化する関西弁 ……232

おわりに ……235

参考文献 ……246

資料出典 ……252

第一章

大阪人のしゃべりはなぜ軽快か

——大阪弁のリズム

もし関西弁のカーナビがあったら

『キュッと曲がって90°！　関西オノマトペ用例集』という本が手元にある。関西人がいかにオノマトペを愛し、日常的に活用しているかということを示すために、「どばーっと」「ばしーんと」「ガツーンと」といったオノマトペの関西人による使い方を、楽しい図版とともに解説している。「キュッと曲がる」とは何度ぐらい曲がることか、醤油やケチャップや鰹節を「どばっとかける」といったらどれくらいの量か、といった感覚を街頭アンケートで検証するなど、興味深い企画も盛り込まれている。

この本を読んでいて、ふと思ったのが、「カーナビ」の関西弁版があったら、きっとオノマトペ満載になるだろうな、ということである。実際にはそのようなカーナビもあるそうなのだが、以下は私の妄想版である。

次の角を**ぎゅーっと**大きく曲がってください。しばらく道なりに**しゅーっと**走ってください。突き当たりに**どーんと**当たったら、**キュッと**左に曲がってください。ほぼほぼ目的地に到着しました。

うーん、役に立つのか立たないのか、よく分からないところではある。手短に情報を与えなければならないカーナビに、「ぎゅーっと」とか「しゅーっと」とか「どーんと」とかはよけいな情報であり、時間の無駄遣いともいえる。

しかし関西人はなぜこのように、見ようによっては無駄な成分であるオノマトペを好むのだろうか。その理由を探ると、関西人の隠された心理が見えてくるようであり、また、関西弁の他の特徴と関連する点も明らかになってくるだろう。それは、関西弁を独特なものにしている「リズム」の問題である。

関西弁のリズムとオノマトペ

関西人（特に大阪人）のことばは、「軽い」とよく言われる。それは、軽やかに、流れるように、歌うように話されるということもあるし、軽々しい、軽薄であるという否定的な評価につながることもある。ここでは、内容というよりは、音の問題としてこの関西弁の「軽さ」について考えてみたい。すなわち、オノマトペ、繰り返し表現、撥音《はつおん》すなわち「ん」の多用、この三点が関西弁のリズムを作り出し、関西弁を他の方言と比較しても独特なものたらしめていると考えるのである。まずはオノマトペから見ていこう。

オノマトペとは、日本語でいうと「擬音語」（音声の表現）、「擬態語」（外界の状況やものの運動の表現）、「擬情語」（感情の状態や動きの表現）といった表現を一括して指す。「ギュッとにぎる」「ドンドンと戸を叩く」「バラバラに分解する」「頭がくらくらする」等の「ギュッ」「ドンドン」「バラバラ」「くらくら」がそれである。

日本語には多彩なオノマトペがあり、使用頻度も高いと言われるが、特に関西弁では、このオノマトペが他地方の方言と比べても特段に多用されるとも言われる。本当にそうなのか、ということは後ほど検証していくとして、オノマトペのことばとしての特徴をおさらいしておこう。

オノマトペとは何か

まず、「オノマトペではないもの」の典型的な例として、「猫」という単語を例に取ってみよう。「猫」はnekoという音形を持ち、またそれが指し示す対象としてほ乳類、食肉目ネコ科ネコ属に属する動物を私たちは思い浮かべるが、nekoという音形と指し示される動物の間には、どんな関係があるだろうか。

結論から言うと、それは日本語話者の間でそう約束されているという以上の積極的な関係はない、というのが言語学の通説である。それが証拠に、言語が変われば、動物の猫を指し示す単語はまったく別の音形を持つ。

例えば、英語では cat（キャット）、中国語では猫（マオ、Māo）、韓国語では고양이（コヤギ、goyang-i。「ギ」はここでは鼻にかかった濁音を表す）のように、指し示す記号（neko という音）と指し示される対象（動物としての「猫」）の間に、「約束」以上の関係が見られない言語記号の性質を、「恣意性《しいせい》」と呼ぶ。

このような恣意性は「犬」「空」「芸術」「経済学」等他の多くの名詞や、「走る」「笑う」「書く」のような動詞、「速い」「美しい」「容易だ」「ゴージャスだ」のような形容詞・形容動詞にも同様に成り立っている。対象物と恣意的な関係によって結び付けられている語彙を、「概念語」と呼んでおこう。

これに対してオノマトペは、音によって指し示す対象の音や運動・変化の様子や感情等を描写する性質を持っている。オノマトペは、指し示す対象との恣意性が弱く、むしろ対象を描写し、言語をその様子に似せようとして用いられる語群であると言える。そのような意味で、オノマトペは「音象徴語」と呼ばれたりもする。

先ほど、猫の呼び方が日英中韓で大きく異なることを見たが、猫の鳴き声はどうか。日本語ではもちろん、「ニャー」あるいは「ミャー」というが、「にゃんペディア」というサイトを見ると、次のように列挙されている。

- 英語（英）　meow（ミャウ）
- 英語（米）　mew（ミュー）
- フランス語　miaou（ミャウ）
- ドイツ語　miau（ミアォ）
- スペイン語　miau（ミャウ）
- イタリア語　miao（ミャーオ）
- ロシア語　мяу（myau／ミャーウ）
- スロヴェニア語　mijav（ミヤゥ）
- 中国語　喵（miao／ミャオ）
- 韓国語　야옹（yaong／ヤオン）

こうしてみると、韓国語を除いて「ミャ」の音から始まるものが多く、また韓国語も全体の「韻」（音節構造）が英語や中国語に近いので、類似感がある。これはもちろん、現実の猫の鳴き声の聴覚印象を書き取ったものであることによる。猫の鳴き声は全世界共通なので、それに似せようとすると、自然に表現が似通ったものになっていくのである。

一方で、音象徴語としてのオノマトペは、概念語より具体性、臨場性が高いが、抽象性に欠け、その分幼稚に聞こえる。実際、幼児は「わんわん」「にゃあにゃあ」「ぶーぶー」「ぽんぽん」等、オノマトペないしオノマトペに由来する語に親しんでいる。

三島由紀夫の批判

作家の三島由紀夫は、『文章読本』の第七章において、

擬音詞（引用者注：オノマトペのこと）は日常会話を生き生きとさせ、それに表現力を与へますが、同時に表現を類型化し卑俗にします。（中略）

擬音詞の第一の特徴は抽象性がないといふことであります。それは事物を事物のままに人の耳に伝達するだけの作用しかなく、言語が本来の機能をもたない、堕落した形であります。それが抽象的言語の間に混ると、言語の抽象性を汚し、濫用されるに

及んでは作品の世界の独立性を汚します。

（三島由紀夫『文章読本』）

と非難し、「だいたい関西の人の方が、東京の人と比べると日常会話にも擬音詞をよく使ひます」「子供の文章と女性の文章にはそれが多い」とも述べている。

「関西の人」の例として、三島由紀夫は織田作之助《おださくのすけ》の「夫婦善哉《めおとぜんざい》」の一節を挙げている。当該部分を引用し、オノマトペに傍線を付してみよう。娼妓《しょうぎ》に大金を使ってしまって帰宅した主人公の柳吉《りゅうきち》に、腹を立てた愛人の蝶子《ちょうこ》が折檻《せっかん》をする場面である。

ぼんやりした顔をぬっと突き出して帰って来たところを、いきなり襟《えり》を摑《つか》んで突き倒し、馬乗りになって、ぐいぐい首を締めあげた。「く、く、く、るしい、苦しい、おばはん、何すんねん」と柳吉は足をばたばたさせた。蝶子は、もう思う存分折檻しなければ気がすまぬと、締めつけ締め付け、打つ、撲《なぐ》る、しまいに柳吉は「どうぞ、かんにんしてくれ」と悲鳴をあげた。蝶子はなかなか手をゆるめなかった。妹が婿養子を迎えると聴いたくらいでやけになる柳吉が、腹立たしいというより、むしろ可哀想で、蝶子の折檻は痴情めいた。隙を見て柳吉は、ヒーヒー声を立てて階下へ降り、逃げまわったあげく、便所の中へ隠れてしまった。

（織田作之助「夫婦善哉」）

三島が引いた箇所だけでは不十分かもしれないので、本当に関西の作家の作品にオノマトペの使用が多いかどうか、左記のような作品で数えてみた（表1－1）。上司《かみつかさ》小剣《しょうけん》から今東光《こんとうこう》までは大阪出身、芥川龍之介と三島由紀夫は東京出身の作家である。これらの作品におけるオノマトペの使用率の違いは確かに歴然としている。さらに、芥川や三島の使用しているオノマトペは、極めて一般的で、もはや概念語に近い機能を持つものばかりで、さらにそれを削除すると、文章の意図が通りにくくなるものが多数である。

この質問は、すらすらと若者の口から出た。

（三島由紀夫『潮騒』）

関西出身の作家

作者	作品名	発表年	オノマトペ使用数	作品の字数（概数）	使用率（1万字あたり）
上司小剣	東光院	1914	53	24,300	**21.8**
上司小剣	鱧の皮	1914	56	16,600	**33.7**
上司小剣	父の婚礼	1915	63	17,600	**35.8**
織田作之助	夫婦善哉	1940	80	36,600	**21.9**
今東光	闘鶏（2～11頁）	1957	11	5,900	**18.6**

関東出身の作家

作者	作品名	発表年	オノマトペ使用数	作品の字数（概数）	使用率（1万字あたり）
芥川龍之介	羅生門	1915	4	5,800	**6.9**
三島由紀夫	潮騒（～10章）	1954	19	46,700	**4.1**

表1-1　文学作品のオノマトペ使用数

片附物がすんでから、三人家族は嵐にとじこめられて、ひっそりと家の中で暮した。

（三島由紀夫『潮騒』）

これに対し、大阪出身の作家のもので目立つのは、そのオノマトペを削除しても文章が成り立つものの、動作や運動の表情を細かく描写するものが多数である。

対《むこ》う河岸は宗右衛門町で、何をする家か、灯がゆらゆらと動いて、それが、蛍《ほたる》を踏み蹂躙《にじ》った時のように、キラキラと河水に映った。初秋の夜風は冷々として、河には漣《さざなみ》が立っていた。

（上司小剣「鱧の皮」、表記は変えてある）

　二日そうして経ち、午頃、ごおッーと妙な音がして来た途端に、激しく揺れ出した。「地震や」「地震や」同時に声が出て、蝶子は襖に摑まったことは摑まったが、いきなり腰を抜かし、キャッと叫んで坐り込んでしまった。柳吉は反対側の壁にしがみついたまま離れず、口も利けなかった。お互いの心にその時、えらい駈《かけ》落《お》ちをしてしまったという悔が一瞬あった。

（織田作之助「夫婦善哉」）

一般オノマトペと詳細オノマトペ

この違いを仮に、「一般オノマトペ」と「詳細オノマトペ」と呼び分けてみよう。両者の違いを整理すると、次のようになる。

・一般オノマトペ

　その表現を削除すると文意が成り立たなくなる。語彙項目としても、書き言葉として違和感のない、一般的なものを中心とする。

・詳細オノマトペ

その表現がなくても文意が成り立つが、あれば生々しい臨場感を表現することができる。使用頻度の低い、まれな表現も多く含む。「〇〇と［動詞］する」といった文型で用いられるものが典型的。

『潮騒』や『羅生門』に用いられているものの多くは一般オノマトペであり、上司小剣や織田作之助が使用しているものは、一般オノマトペに加えて詳細オノマトペが多数であると言える。

比較的新しい関西出身者の作家の作品でも、とりわけオノマトペの使用に特徴的な作品を挙げておこう。川上未映子《みえこ》氏の『乳《ちち》と卵《らん》』のクライマックス・シーンである。川上氏は大阪市出身で、本作品は二〇〇八年の第一三八回芥川賞を受賞した。「ぶわっと」「ぶわりと」「ぐしゃわ」「じゅるりと」「ずるんと」等の、独特のオノマトペが使用されていて、生々しく感覚的な表現となっている。これらも、典型的な詳細オノマトペと言える。

筆談でしかコミュニケーションのない母子家庭の母巻子に対し、娘の緑子が、母の豊胸手術のことを巡って卵をぶつけて口論するシーンである。

緑子は再び、お母さん、と、大きくはっきりした声ですぐ隣の巻子を呼び、巻子も驚いた顔で緑子を見た。体はぶるぶるとして顔は張りつめにつめ、ちょっと押せばぐらっと崩れる瞬前のなか、鼻で震える呼吸をしながら緑子は、お母さん、ほんまのことを、ほんまのことをゆうてや、と搾り出すような声でそう云った。（中略）緑子は急に顔をあげて大きく息を吸い込んで、流しの横に廃棄のために置いてあった玉子のパックをすばやくこじ開けて、玉子を右手に握ってそれを振り上げた。あ、ぶつける、と思った瞬間に、緑子の目からはぶわっと涙が飛び出し、ほんとにぶわりと噴き出して、それを自分の頭に叩きつけた。ぐしゃわ、っていう聞き慣れない音とともにしぶきのように黄身が飛び散り、（中略）鼻汁と黄身とじゅるりとした白身と涙でぐじゃぐじゃになった顔で巻子に云い、それから手に持ったのを叩きつけ、（中略）巻子は慌ててそれを追い、静止したままの玉子にしゃがんで自分の額をぶつけて割って、そのまぐりぐりと押しつけて、黄身と殻のついた顔で巻子は立ち上がって緑子の横へ行き、（中略）玉子の中身がずるんと床に落ち、殻も落ち、巻子も両手で右左って思わずワンツー、みたいなノリでさらにふたつを叩き割り、（中略）巻子はズボンの後ろのポケットから赤いハンカチを取り出して何度も何度も緑子の頭についた玉子を拭って、ぐしゃぐしゃになった髪の毛を何度でも耳にかけてやり、ずいぶん長い時間を黙って、その背中をさすり続けた。

（川上未映子『乳と卵』）

落語のオノマトペ西東

以上、文学的な作品の例を見てきたが、もうすこし談話に近いテキストの例も見ておこう。上方落語に「時うどん」というものがあり、またこれを江戸に移した「時そば」という演目がある。桂枝雀《しじゃく》の演じる「時うどん」では、

・昼から何ぁんも食べてへんねん、泣きそぉなぐらいペコペコや。
・おいおい、えぇ年した男が八文ぐらいの銭、後生大事に持ってるてなこと情け無いわい。そこらへバ〜ッとばら撒いてしまえ。
・この寒っぶぅ〜い晩にやで、熱っつ〜いうどんがシュシュ〜ッとすぐに出来るやなん

て、それだけでもゴッツォ～（ご馳走）やで。

といった用例が一四例数えられる。これに対して五代目柳家小《こ》さんの「時そば」では、

・んん、これだ、おれちょいと匂いかいだだけで分かっちゃうんでえ、
・そばってえやつあこう、すうっと細くなくっちゃいけねえ、

といった用例が一〇例ある。

やはりオノマトペの質も違っていて、「時そば」は一般オノマトペが多数だが、「時うどん」は詳細オノマトペが特徴的に用いられているのである（「時うどん」「時そば」に関しては、本書の第六章でもコミュニケーションの面から詳しく取り上げる）。

市井の人々のことば

次に、岸政彦《まさひこ》氏編集の『東京の生活史』と『大阪の生活史』をデータとして取り上げる。

それぞれ、一五〇人の人々に各自の生活史をインタビュー形式で話してもらったもの

を、解説も説明もなく、ただ並べただけのものである。出身地が東京あるいは大阪という人だけでなく、たまたま在住していたり、他所からその土地にやってきたりする人も含まれているので、話者情報が乏しく、方言資料としては用いにくい面もあるが、大まかな傾向を知るために用いてみたい。

今回は、それぞれの本の最初の一〇人について、二番目のページと最後から二番目のページを選んでオノマトペの数を数えた。なお『東京の生活史』については八番目の人は明らかに九州出身ということで方言を含んでいたので、はずした。『大阪の生活史』のほうは、最初の一〇人すべてが関西弁と認められたので、データとした。

その結果、『東京の生活史』のほうはオノマトペ一四例、一万字当たりの頻度で約6・8となったが、『大阪の生活史』では二二例、一万字当たり10・7となった。

用例も、東京では「ズラッと工場が並んでて」「ぽつんと、なんでこんな店が」といった、ごく一般的な表現に留まっているが、大阪では「ぎゅーっとこうなくなっていくねん」「馬乗ってタタタって走る」「若いころはけっこう、ケンケンしてましたよ（笑）」といった、生々しく独創的で感覚的な用法が目立った。

関西人がオノマトペを多用するのはなぜか

関西人がオノマトペ、それも「詳細オノマトペ」を多用する理由を、「語用論」という言語学の分野の学説を参考にしながら、考えてみよう。

語用論の代表的な研究者である、ブラウンとレヴィンソンの唱えたポライトネス理論によれば、人間には「相手と距離を取りたい」という欲求（「ネガティブ・フェイス」と呼ぶ）と、「相手と一体になりたい、共感したい」という欲求（「ポジティブ・フェイス」と呼ぶ）があるという。

相手に積極的に話しかけたり、タメ口で話したり、ほめたりすることは相手のポジティブ・フェイスを満足させる言語行為である。一方で、丁寧語を用いたり、前置きや挨拶を念入りにしたりする言語行為は、相手のネガティブ・フェイスを侵害しないようにする言語行為である。

地域や集団によって、ネガティブ・フェイスとポジティブ・フェイスのどちらを重んじるかという違いがあるとされる。日本人は東アジアの中ではネガティブ・フェイスを重んじるほうであるが、関西人、特に大阪人は日本人の中でも特にポジティブ・フェイスを重んじると言われている（滝浦真人『ポライトネス入門』）。知らない人にも気軽に話しかける、相手のことによく言及する、自分のこともよく話すなどの行動がそれを示している。つまり、対人的な距離が近いことをよしとするのである。

ポジティブ・フェイスの積極的な表現として、タメ口で話す、饒舌に話す、臨場感ある話し口を多用するなどがあり、オノマトペは臨場感の表現として重要である。大阪人は、体験を聞き手と共有したい、臨場感を分かち合いたいという欲求から、オノマトペを多用すると考えることができる。「詳細オノマトペ」が多用される理由も、ここから説明可能であろう。

同じことを表現する際にも、関西人は、より生き生きと、臨場感を持って表現したいのである。ポライトネス理論から言えば、それは関西人が相手にポジティブに関わっていこうとする、一種のサービス精神と捉えられるのである。

また、日本語学者の尾上《おのえ》圭介《けいすけ》氏は、「ボチャーン、ねこ池落ちよってん」という表現を例に取って、「伝えようとすることの全体を、「直接的イメージ」対「反省的解説」という二面に分離、剝離して、その二面の出会い、衝突として事態の全体を表現するものであり、聴覚・視覚イメージから反省的、分析的把握へという表現者のいわば視点の動きを含んだ、動的、立体的な表現であって、その意味で、俳句的あるいは漫画的な表現方法」とした上で、「大阪らしいことばの運び方というものは、このように内部に緩急の差を持ち、飛躍を含みながら、話し手のダイナミックな目の動き、気持ちの動きを直接的に反映しているもの」と述べている（尾上圭介『大阪ことば学』）。

感覚的表現と論理的表現の両方を大切にし、ダイナミックな表現で臨場感を作り出すという点が、関西人の好みにそった表現なのである。

繰り返し表現について

みなさんは子どもの頃、親に「宿題やりなさい」などと言われたとき、「はいはい」と答えて、「「はい」は一回！」と怒られたことはないだろうか。特に首都圏だと、「はいはい」という二回返事は、「うるさいなあ、分かったよー」といった不平不満を含んだニュアンスになりがちなので、あまりいい印象を与えない、ということがある。

あるいはお店で「これください」と頼んだとき、「はいはい」と答えるのは町の魚屋さんとか八百屋さんならありそうだが、「高島屋」とか「伊勢丹」とかいった高級感ただようお店だとあまりふさわしくないような気がする。

つまり、「はい」という返事は、一回だけ、確実に言い切るのが正式であり、誠実な受け答えである、という常識が、特に首都圏では一般的であるように思う。「はいはい」という二回返事は、不真面目、不満とか、軽々しい、といったマイナスイメージがつきまとうのである。

ところが、関西（特に大阪）では、「はいはい」はごく普通の応答である。「はい」に限らず、いろいろな表現を二回（以上）繰り返す。会話風にして例を挙げよう。

・応答・疑問

「ちょっと話聞いて」「はいはい」

「昨日、学校に行ったらね」「うんうん」

「だれも居てなかったんよ」「なんでなんで」

「創立記念日やってん」「そうかそうか」

・命令

「お誕生会、行ってもいい？」「おいでおいで」

「もう帰ってもええか」「帰りたいんやったら、帰り帰り」

「あいつ腹立つからどついてくるわ」「しょうもない、止《や》め止め」

・意志・予告
「焼き芋買うてきた。食べる?」「食べる食べる」
「明日の宴会、行く?」「行くで行くで」
・認識・感覚
「これで先生堪忍してくれるやろか」「甘い甘い」
「先生堪忍してくれたわ」「よかったよかった」
・断定・注意喚起
「一〇〇円あるか」「あるある」
「何しましょう」「酒や酒や（酒持ってこい）」
「ほな、行ってきます」「傘、傘（傘を持っていきなさい）」

これは、かなり関西的（大阪的）な表現と言ってよさそうである。例えば、オノマトペの例で参照した桂枝雀の「時うどん」では、次のような繰り返し表現が出てくる。

・A「歩け歩け」B「歩いてるやないか」A「もっと早よ歩けちゅうねん」

・B「お前らとおんなじよぉにすなよ、無い無い言ぅたかてシュシュ〜ッと、ひぃふぅみぃよぉいぃむぅなぁ……、七文出てきたやないか」
・B「食ぅわい、食ぅがな。お前らずっこい、ずっこい、先いきやがってからに」
・B「うぉ〜〜い、清ぇやんちょっと待って、待って、待って〜。清ぇやんえらい嘘《うそ》つきやなぁ」
・B「……引っ張りな、引っ張りな、何ちゅう顔してんねんやらしぃ」
・B「……食いたけりゃ食ぅたらえぇがな」「食ぅがな、食ぅがな、食わいでかい」
・B「要らん要らん」**うどん屋**「い、い、言わしなはんな」

これに対して、五代目柳家小さんの「時そば」では、この種の繰り返し表現は一切出てこないのである。

先ほど取り上げた『大阪の生活史』を見ても、この種の繰り返し表現は多数出てくる。最初の一〇人のインタビューの中で、「そうです。そうです」「いいねんいいねん」「ごめんな、ごめんな、次気いつけるな」「笑って笑ってと言ってるような感じで」といった例が目立った。頻度としては、一万字当たり7・3である。これに対し『東京の生活史』では、「いやいやいや」と「吉本さん吉本さん！」以外、「そうそう（そう）」が四回出る程度で、頻度としては一万字当たり2・9であった。

なぜ繰り返すのか

このように、首都圏での表現と比べて、関西弁（特に大阪弁）は圧倒的に繰り返し表現が多いといえる。これは、どうやら会話のリズムに関する感覚が首都圏と関西とで大きく異なっているせいではないかと思われる。

関西で繰り返し表現を用いるときは、繰り返し全体でとても早く発音する。例えば「歩け歩け」を「歩け、歩け」と区切って発音すると、あまり関西的には聞こえない。かなりのスピードで「歩け歩け」と一息に言わなければならない。

これに対して、首都圏のことばは、単語の一つ一つに重みを込め、一点一画もゆるがせにしないようなイメージで発話するし、またそのような発話が誠実であるとされる。また、音節と音節の間も、適切なポーズを取って、語を明確に認識できるように発音する傾向がつよい。

関西の話し方は、空白を嫌う。とにかく、時間があったら音で埋めていく。同じ単語を繰り返すのであるから、時間当たりの情報量は実は薄くなるのだが、時間がある限り音で埋めていくことが関西人の会話のマナーなのだ。しかしこのマナーは、首都圏の人間にとっては軽々しく、騒々しい印象を与え、かえってマナーに外れるようにも思われがちである。「はいはい」が嫌われるのも、そのような理由によるのであろう。

「ん」が作るリズム

ここまで見てきた、オノマトペや繰り返し表現は、発話のリズムに大きく関わる。オノマトペは「ぽんぽん」「ぎゅっと」のように、それ自身に繰り返しがあったり、促音《そくおん》（小さい「っ」の音）・撥音（「ん」の音）が多く出てきたりするので、オノマトペを多用すると、文章がリズミカルになる。また繰り返し表現が軽やかなリズムを文章に作り出す。

ここでさらにミクロな視点で関西弁を眺めてみると、撥音、すなわち「ん」の音が非常に多いことに気付く（この点に関しては、前田勇《いさむ》氏の著書『大阪弁』にも指摘がある）。

例えば、

A「スマホ見つからんねんけど知らん？」

B「知らんなあ。ちゃんとさがしたん？」

C「ずっとさがしてんねんけど見つからへんねん」

といったごく日常的な三行の会話の中に、「ん」が一〇個も登場する。桂枝雀の「時うどん」から、一部抜き出してみよう。

B「な〜るほど、こんなんよぉ聞ぃとかなあかんねぇ。ほな何やねぇ、芋を食べるさかい屁ぇが出んねやなしに、屁が出るさかい芋食べんねんねぇ」

A「……、わけの分からん理屈言ぅな。そんなんを屁理屈言ぅねん覚えとけ。そらそぉと、お前腹減れへんか？」

B「昼から何ぁんも食べてへんねん、泣きそぉなぐらいペコペコや」

ここで特に大事なのは、名詞や動詞や形容詞等に含まれる撥音ではなく、打ち消しの助動詞「ん」「へん」、動詞語尾の音便形の「ん」（例「食べんねん」）、文末の「ねん」等の、文法的な成分に含まれる「ん」である。

「時うどん」でこの種の「ん」を数えると、九九個あった。一万字当たりに換算すると、

210・6となる。一方、小さんの「時そば」にも該当の「ん」はあるが、「そばやさんおれもういっぺえっていいてえとこなんだが、脇でまずいのくらったんだ」のように、「のだ>んだ」となる場合の「ん」にほぼ限られ、三二個出現する。一万字当たりだと、66・7となる。「時うどん」に比して、三分の一以下というところであろう。

逆に、小さんの「時そば」に用いられる、江戸語・東京語には、大阪弁にはない音声上の特徴がある。それは促音の多用である。「風邪ひいちゃった」「昔っから」「いっぺえっつあ(<一杯ずつは)」「江戸っ子」「そばッ喰い」「見っと(<見ると)」「よっぽど(<よほど)」「鼻ッ風邪」等がそれである。これらの促音は、江戸語・東京語のリズムを作っていると言える。

では、関西弁の撥音「ん」が作るリズムと、江戸語・東京語の促音「っ」が作るリズムの違いは何か。「ん」は、音声学的に言うと「鼻音」に属し、メロディアスな音をそれ自体が持つので、「ん」が多用される関西弁はとても軽やかで流麗なリズムを作り出す。

これに対し、促音は音声学的に見ると、「無音」、つまり音が途切れているのである。促音が多く入ると、その発話はとても歯切れよく、明確な印象を与える。点画がはっきりした明瞭なリズム、これが江戸語・東京語のリズムなのである。

この章のまとめ

本章では、大阪弁・関西弁が持つリズムを構成する要素について、次のようなことを述べた。

関西人がオノマトペを好むのは、具体的な臨場感を会話に持たせることが、聞き手へのサービスなのだと感じているからであった。関西弁におけるオノマトペの出現率の高さは、関西弁のリズム感覚に影響を与えている。

また、関西人の会話には繰り返し表現も多い。それは、関西人は空白を嫌い、意味がなくてもことばを詰め込んでいこうとするからである。また、「ん」の音が多いことも、関西弁のリズムに貢献していると考えられる。

リズムと並んで、関西弁の音や形に関する重要な要素として、メロディーがある。メロディーとは言語学的には、語の「アクセント」を指し示す。次章ではこの「アクセント」を中心に、関西弁のメロディーについて述べていく。

コラム1

ちゃうちゃうちゃうんちゃう？――「ちゃう」について

関西人は、「ちがう」という動詞を極めて愛している。あまりにも高頻度で使うので、「ちがう」が縮約されて、「ちゃう」という形で用いられることが多い。標準語の「ちがう」と同じような使い方もするが、関西弁で特徴的なのは、もっと抽象化して、述語の否定形として活用される点である。

うちが欲しいのんはこれとちゃうねん。（＝これじゃない）

関西弁では「と」がしばしば省略されるので、次のようにも言う。

うちが欲しいのんはこれφちゃうねん。（φは要素が省略されていることを表す）

また、イエス・ノーのノーの答えのときには、「ちゃう」と言うことが多い。「ちゃうちゃう」と二回以上繰り返すこともある。

この「ちゃうちゃう」を利用して、伝説の番組となった「探偵！ナイトスクープ」の「大阪弁講座」が一九九三年八月六日に誕生した。この番組は関西圏では永年、絶大な人気を誇っているバラエティ番組である。視聴者から寄せられた相談に対して、芸人が務める探偵が派遣され、その相談に答えるという形式で番組は展開していく。

この回では、老舗のレストラン「はり重《じゅう》」で寮住まいをしながら働いている、関西外出身の三人の若者の「大阪弁が話せなくて恥ずかしい思いをしているので、ぜひバリバリの大阪弁話者にしてほしい」という依頼に対し、派遣された探偵、トミーズの雅《まさ》が独自の教材を作って依頼主に練習させたのである。それがこの文である。

・「チャウチャウちゃう?」（チャウチャウじゃないか）
・「ちゃうちゃう」（違う違う）
・「チャウチャウちゃうんちゃう?」（チャウチャウではないんじゃない?）
・「チャウチャウチャウちゃう?」（チャウチャウじゃないか?）

・「チャウチャウちゃうって！」（チャウチャウじゃないって！）

ちなみに、よく言われるのが、関西人は遅刻してきても謝る前に言い訳をしようとしがちであるが、その前に必ず「ちゃうねん」から話し始めるということである。

・「おっそいなあ、何しとったん？」（遅いな。何をしていたんだ）
・「ちゃうねんちゃうねん、まあ聞いて」（違うんだ。まあ訳を聞いてくれ）

この辺りが使いこなせると、もはやエセと言われることはないかもしれないが、人に嫌われて友達をなくす可能性も高いことは心すべきであろう。

第二章

歌う大阪弁
——アクセントが作ることばのメロディー

「オーマーエーハーアーホーカ」

お笑いグループの「横山ホットブラザーズ」をご存じだろうか。

かつて、寄席《よせ》にテレビにと大活躍し、以下に述べるツカミの芸が大受けで、お笑い好きの関西人なら知らぬものがないと言ってよいほどだった。

このグループは横山ファミリー（父・東六《とうろく》、長男アキラ、次男マコト、三男セツオ他）による音曲漫才で、東六引退後は兄弟でネタを披露した。ギター、アコーディオン等の楽器を巧みに演奏して楽しい舞台を見せ、一九九六（平成八）年度文化庁芸術祭大賞受賞、二〇〇三年上方漫才大賞受賞、二〇〇九年上方演芸の殿堂入りと、輝かしい実績を残した人気グループである。

その長男のアキラさんが得意とするのが、ノコギリをマレットで叩いて演奏するプレイングソー（ノコギリを楽器として用いること）で、そのツカミの芸として、アキラさんが必ず披露するのが「大阪名物、オマエハアホカ」である。「毎度おなじみ、大阪名物でっせー」と言って、図2－1のようなメロディーをノコギリで演奏しながら、

オーマーエー**ハー**アー**ホー**カー

図2-1　大阪弁のメロディー①

と歌ってみせるのであった。

毎回やるのに、毎回、大阪のお客さんには大受けする。言葉とメロディーが緊密に結び付いた、大阪弁ならではの芸であろう（YouTubeで動画が見られる）。

この例に限らず、後に例示するように、大阪弁・関西弁はメロディが豊かで、ことばが自然に音楽性を帯び、歌になっていく。

大阪弁の決まり文句がしばしば音楽性を帯びることの原因は比較的明らかである。それは大阪弁のアクセント（関西アクセント）の豊かさによる。日本語は方言によって単語ごとのアクセントのパターンがずいぶん違っていて、それが単調な方言と複雑な方言がある。大阪弁を含む関西方言のアクセント・パターンは、日本の方言の中でも際立って豊かである。

アクセントとは何か

日本語におけるアクセント（語アクセント）とは、単語ごとに決まっている高低のメロディーである（以下のアクセントの記述は、参考文献に挙げたアクセント解説書、研究書、辞典類に依拠している）。

東京方言の例で言えば、「橋を渡る」は「はし（をわたる）」、「箸を持つ」は「**は**し（をもつ）」、「端を折る」は「は**し**（をおる）」のようになる。太字（ゴシック）で示した部分は、相対的にピッチが高いことを表している。図2－2に、グラフで模式的にピッチの上がり下がりを示しておく。横に記した○は相対的に低い拍、●は相対的に高い拍を表す。「橋」と「端」は尾高型、「箸」は頭高型などと呼ばれるが、「橋」に「を」が続くと「を」が下がるのに対し、「端」に「を」が続くと「を」は下がらない、という点で、違いがある。三音節語の「卵」などは「たまご」のように真ん中の「ま」が高くなるので、中高型と言う。

さて、このアクセントのパターンは、方言によってかなり違ってくる。代表的なものに、東京アクセント、関西アクセント、二型アクセントその他があり、また無型アクセント地域と言って、単語ごとの高低パターンに区別がない地域もある（図2－3）。なお、二型アクセントとは、熊本・鹿児島以南に見いだせる、単語の長さが何拍であっても二通りのパターンしか見いだせないアクセント体系である（近年、琉球などで三型アクセントも存在する

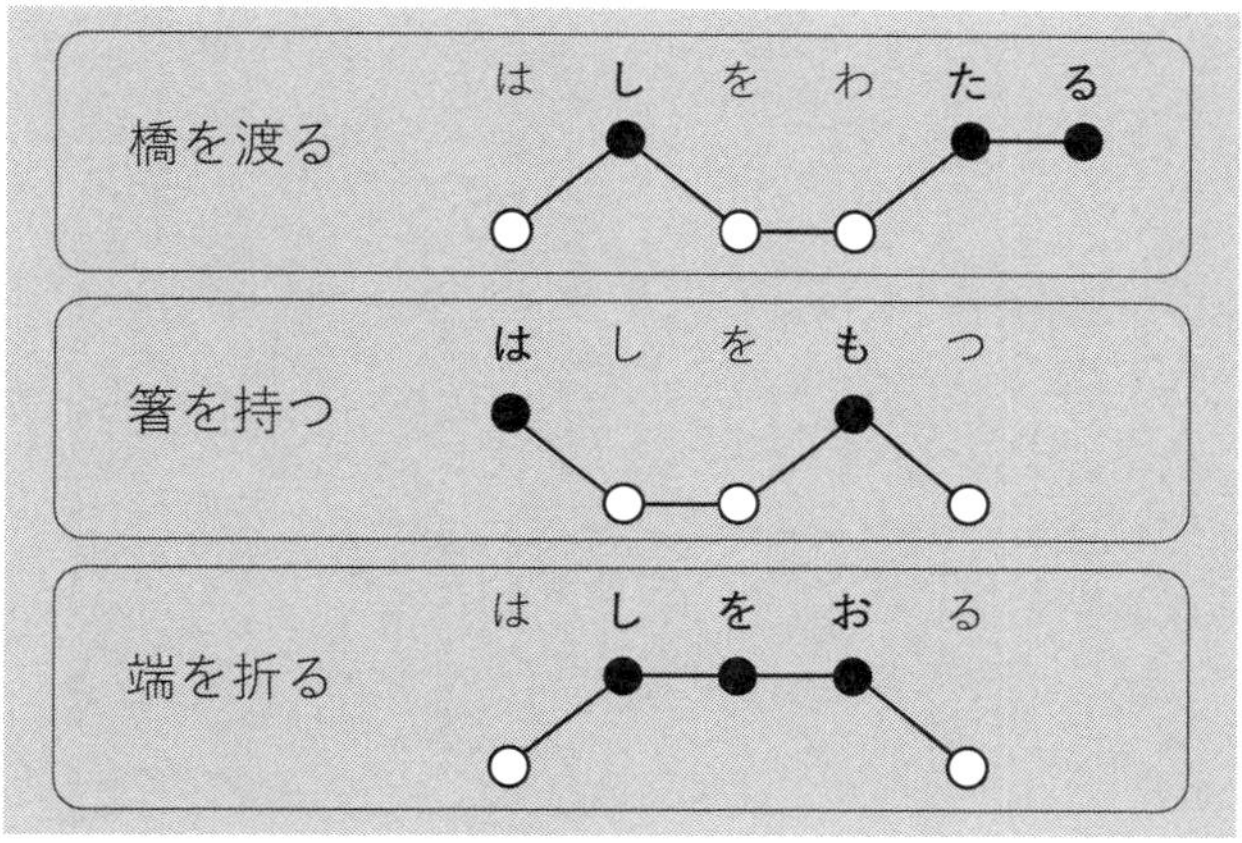

図2-2　東京アクセント模式図

ことが分かってきている)。

この図には、興味深いことがいくつか見えてくる。関西アクセントの地域を挟んで、東西両方に東京アクセントの地域が広がっているが、これは東京から西日本に飛び火した(例えば人が移住をした)ということではなく、同じパターンを持つ方言が自然に同じ方向に変化をした結果と言われる。

通説としては、関西アクセントが古いパターンであり、西日本と東日本の東京式は、関西アクセントに近い形式から同じように変化を起こして東京式になったと言われている。

また、関西アクセントは文字通り関西地方に広く分布しているが、兵庫県の北部(但馬《たじま》地方)と京都府北部(丹後《たんご》地方)は東京アクセ

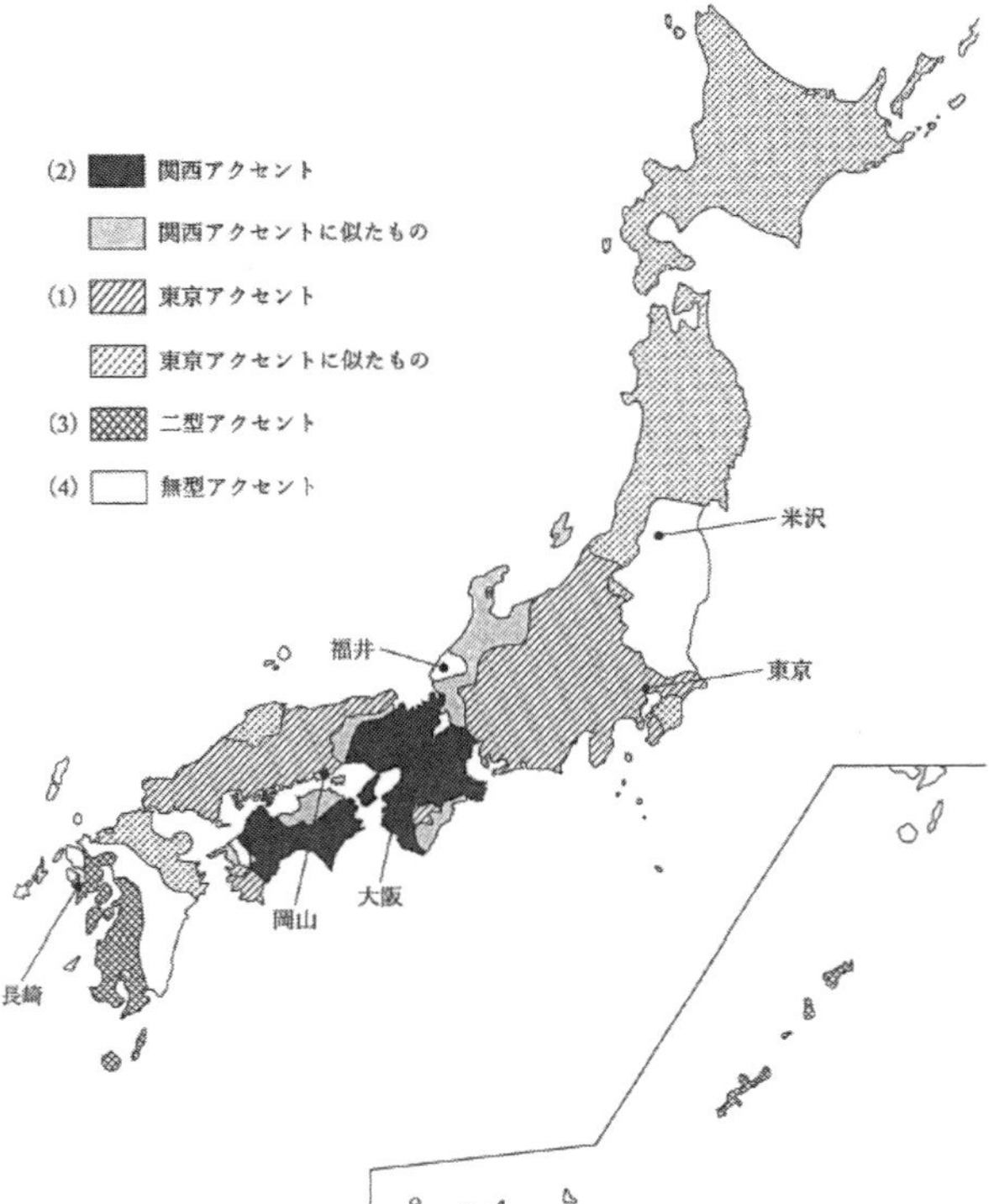

図2-3　日本語方言アクセントの分布図（出典：杉藤美代子『日本語のアクセント、英語のアクセント』）

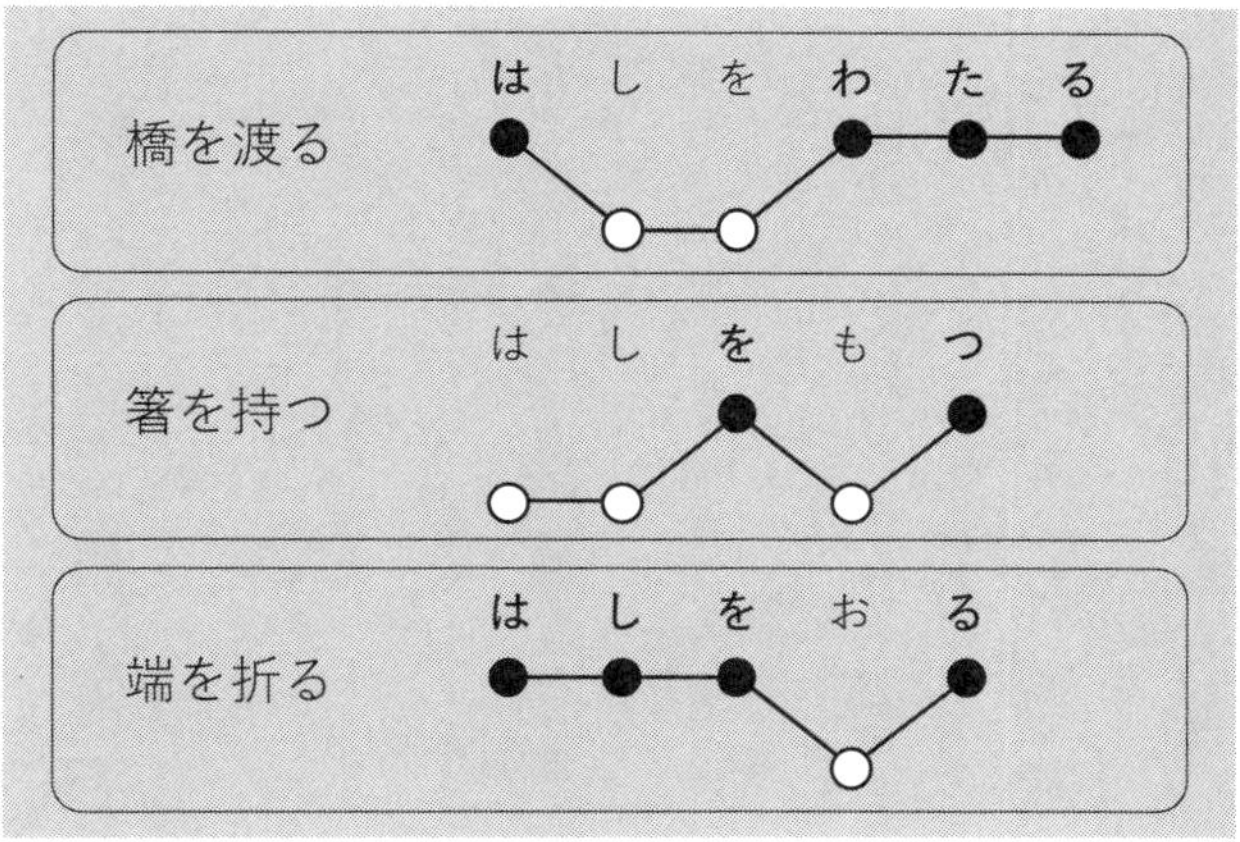

図2-4　関西アクセント模式図

ントである。興味深いことに、奈良県南部の十津川《とつかわ》を中心とする山間地は、ぽつんと東京アクセントになっている。

関西外では、四国の東側は関西アクセントに近く、また北陸でも福井県嶺南《れいなん》地方（若狭《わかさ》湾岸）は関西アクセントである。この点については次章でも触れる。

東京アクセント（＝標準語アクセント）と関西アクセントを並べて比べてみよう。

	東京アクセント		関西アクセント	
橋を渡る	は**し**をわたる	○●○	**は**しを**わたる**	●○○
箸を持つ	**は**しを**もつ**	●○○	はし**を**も**つ**	○○●
端を折る	は**しをお**る	○●●	**はしを**お**る**	●●●

関西アクセントの模式図も示しておこう（図2－4）。

アクセントでばれる「エセ関西弁」

関西アクセントは関西人の生活のすみずみに染み渡っていて、関西人の生活と密着している。非常に特徴的なのは、標準語で書かれた文章を読むときも、関西人は標準語アクセント（≒東京アクセント）ではなく、関西アクセントで読むのである。

これは子どもの頃からの習慣で、小学校の国語の授業で音読をするとき、クラス全員が声を揃えて関西アクセントで教科書を読み上げるのである。

この様子を初めて見た他地方の先生方の多くは、かなり驚くそうだ。なぜなら、いくら方言が強い地域でも、教科書を読むときは標準語アクセントで読むからだ。というより、教科書を読むことは、標準語を習得するという意味あいもあるのである。国語の授業が即標準語の学習につながらないのが、関西という土地柄の不思議さである。

関西アクセントは東京アクセントよりはるかに複雑な原理で実現する。どういう理由でそう言えるのか、ということについては、いくぶん形式的な話になるため、この章の後ろにまとめたので、それをご覧いただきたい。

とにかく、関西アクセントのメロディーは複雑・繊細なのである。関西人（関西アクセントの使い手）は、身体に関西アクセントが染みついているので、エセ関西アクセントはすぐ見抜く。関西を舞台にしたテレビドラマで、非関西出身者が関西弁の台詞を喋ると、たいていアクセントでボロが出る。視聴者は決して聞き逃さないので、テレビの前でこう毒づいていることだろう。「けったいな関西弁やなあ。こんなへたな役者、使うな」。

ご家庭で文句を言っているだけでなく、テレビ局に電話を掛けたりもする。ご当地ドラマで方言が使われることはよくあるが、方言に対して一番クレームが多いのは関西地方を舞台にしたドラマである（某放送局のディレクターから直接伺った話）。もっともクレームがつく項目は、アクセントであると考えてよい。

また、北摂《ほくせつ》や神戸の方で、自分の言葉は標準語だと思っている人に、私は何人も出会った。しかしそういった人たちが話す文章は、文法や単語が標準語であるだけで、アクセントは立派な関西弁であることが多い。

自然とメロディーになる

この韻律の豊かさのために、話し言葉が自然とメロディーになっていく。子どもたちの遊び言葉、唱え言葉が自然に音楽になっていく。

小学生のころ、学校から帰宅したあと、子どもたちはお互いの家に遊びに行った。学校で約束しておくときもあったが、たいていは突然訪問する（塾やお稽古に忙しい、今時の子どもたちでは考えられない行動である）。そんなとき、子どもたちは玄関先で、「〇〇ちゃん（あるいは〇〇くん）、あそびましょ」と呼びかける。この呼びかけには、独特の抑揚が伴っている。

図2-5　大阪弁のメロディー②

キンスイ**クン**、アソ**ビ**マ**ショ**

つまり「**シ**ララ**ラ**シ、ララ**シ**ラ**シ**」というメロディーになる。譜面にすると、こうである（図2－5）。

こう呼びかけられると、多くの場合、家にいる子どもは、

ハアイ

と答えて玄関先に駆けていく。

こういった決まり文句や唱え言葉のメロディーは、土地の方言が持つアクセントに大きく左右される。大阪・関西の子どもたちは、さまざまな生活の場面で、歌うように唱え言葉を発する例がとりわけ豊富なように思われる。

また漢数字で数を数えるとき、大阪弁では特有のメロディーが付くこともよく知られている。

図2-6　大阪弁のメロディー③

イチ、ニ**イ**、**サン**、シー、**ゴー**、**ロ**ク、**ヒ**チ、**ハ**チ、**クー**、ジュ**ウ**

楽譜に起こしたものも示しておこう（図2－6）。数を読み上げるのにメロディーが付くのは、日本語の中では関西弁だけと言われている。なお、「ジュー、キュー、ハチ、……」とカウントダウンするときは、このメロディーは消える。

じゃんけんのかけ声も、メロディアスである。私の子ども時代は、こうである（「ジャン」「ホイ」は一拍で唱える）。

イーンジャン**デ**、**ホイ**

私の子どもたちの世代では、もっと悠長な感じで、

イ、ン、ジャ、ン、**デ**、**ホ**、イ

と唱えていた。ちなみに、近年ではテレビの影響で、関西でも「最初はグー、ジャンケンポイ！」と唱える子どもが増えているようである。

祇園祭宵宮のろうそく売り

次は京都の例だが、祇園祭の宵宮《よいみや》、裏町で子どもたちがお守りのろうそくを売っている。そのときの売り言葉が、大変見事でかわいらしい。現地で初めて聞いたときの感動は今でも忘れられない（中井幸比古氏による、山ごとのヴァリエーションの詳細な調査・研究がある）。

厄除けのお守りは、これより出ます／明日は出ません　今晩限り／ご信心の、御方《おんかた》さまは／受けてお帰りなされましょう／ろうそく一丁献じられましょう／ろうそく一丁どうですか

京ことばのアクセントと、メロディーが見事に一致している。というより、これもアク

図2-7　大阪弁のメロディー④

セントからメロディーがおのずから生じた例だろう。YouTubeで「祇園祭宵宮　ろうそく」などと検索すれば、たぶん見られるので、よかったらどうぞ。

こういった、上品なものばかりではない。これは私の子ども時代の経験で、学校の遠足のことである。朝から歩いて歩いて、十一時を過ぎるころにもなると、子どもたちはおなかぺこぺこだ。誰からともなく、歩くテンポに合わせて、こう歌い出す。

ハラ**ヘッ**ター、**メ**シク**ワ**セー（腹減った、飯食わせぇ）

これは音符で言うと、「**シ**ラ**シー**♯ファー、**シ**ララ**シ**♯ファー」という感じである。音符に起こしたものも示しておこう（図2-7）。

この歌を、歩いている間、延々と繰り返す。しまいには、児童たちの大合唱となる。引率の先生からすると、とんでもなくみっともない状況なので、「やめなさい！」と抑えるのに必死である。

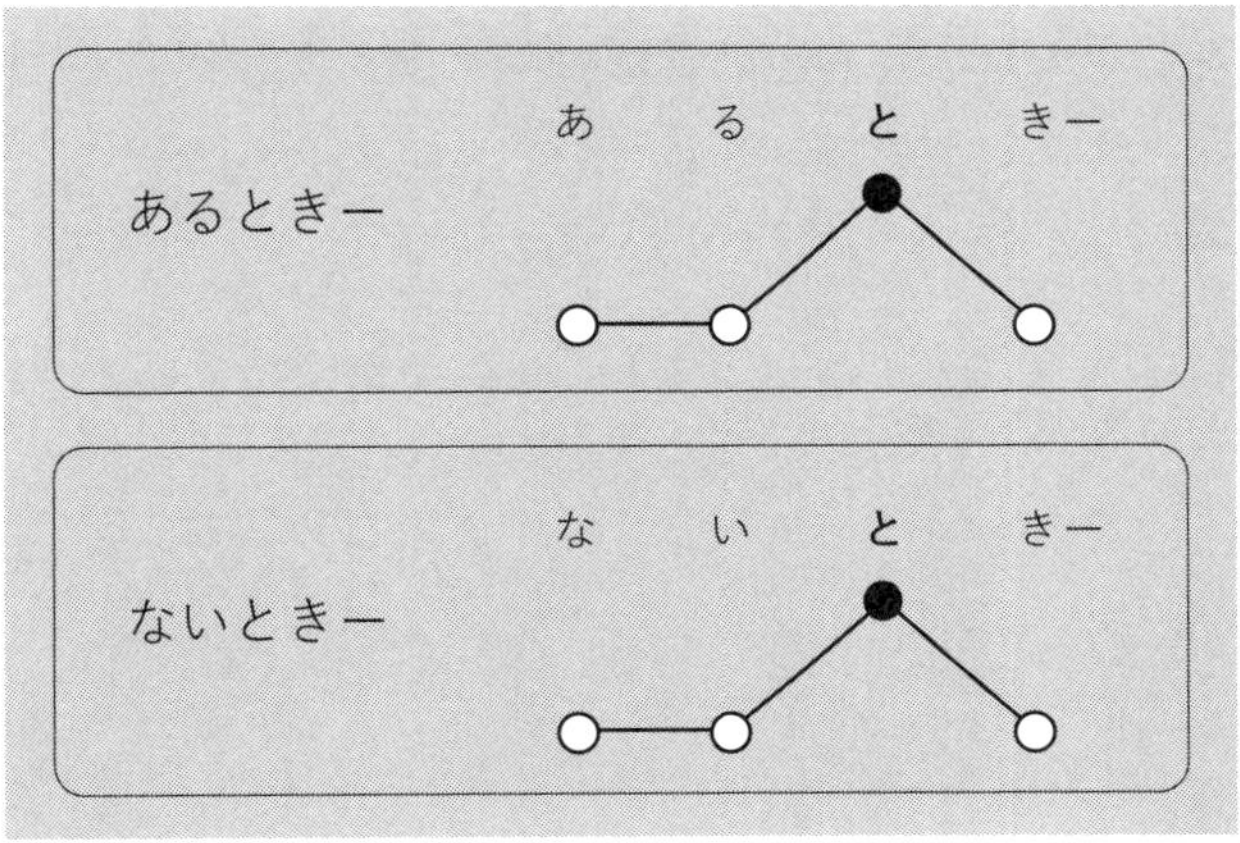

図2-8　テレビCM「551の豚まん」のアクセント

テレビCMにあふれる関西アクセント

関西人は関西アクセントが身体に染みついていて、それを耳に心地よいと感じているので、テレビのローカルなCMでも、関西アクセントを強調したものが大変多い。

例えばこんなものがある。関西で非常によく食べられている中華スナックに「豚まん」がある。東京や多くの地方では、「肉まん」と呼ばれる点心の一種であるが、その関西の豚まんで最大の売り上げを誇るのが、「551の蓬萊《ほうらい》」の豚まんである。近年では、関西外の方にも人気が広がりつつあるようで、新大阪駅や関西の空港の売店等では、いつも長蛇の列ができている。

さて、この蓬萊の豚まんは、関西エリアで

図2-9　大阪弁のメロディー⑤

はテレビＣＭが頻繁に流れている。タレントのなるみが「５５１の豚まんが、あるときー、ないときー」と叫ぶと、「あるとき」は出演者一同が笑顔で元気になり、「ないとき」は全員が沈み込む、という様子を見せるものである。この「あるときー」「ないときー」は、関西アクセント丸出しでやるのである（図２－８）。

　このＣＭは関西圏ではあまりにも有名なので、いつ、どこでも、だれでも、「５５１の豚まんがー」と言うと、そこにいる人が「あるときー」「ないときー」とやってくれるだろう（関西人のノリの良さについては第六章で詳しく述べる）。

　ＣＭソングでも、関西アクセントを生かしたメロディーが多く使われている。ＣＭソングは音楽なので、アクセントを１００％生かすことはできないが、要所要所ではアクセントに当てはまるように作られているのである。

　例えば大阪環状線の京橋という駅の前に、「グランシャトー」という総合レジャービルがあるが、このグランシャトーのテレビＣＭはとても古く

図2-10　大阪弁のメロディー⑥

て、ずっとやり続けているので、関西人には耳なじみのメロディーとなっている。歌詞は次のようなものである。

京橋は　ええとこだっせ　グランシャトーが　**おまっ**せ

まことにコテコテ大阪弁丸出しの歌詞であるが、この「グランシャトーが　おまっせ」の「おまっせ」の部分は、関西アクセントとメロディーがぴったりあっている（図2−9）。

「浪花のモーツァルト」と異名を取る、キダ・タロー氏（一九三〇〜二〇二四）の数多いCMソングにも、アクセントに配慮したものが多い。

「かに道楽」のCMソング、「とれとれぴちぴち　かに料理」というところの特に「かに料理」の部分は、後述する高起式3型のアクセント（本章後述の「なぜ関西アクセントはメロディーが豊富なのか」参照）に合致している。東京アクセントであれば、「か**にりょ**ーり」と中高にならなければならないところ、「**かにりょ**ーり」のように頭高になっているところが関西アクセン

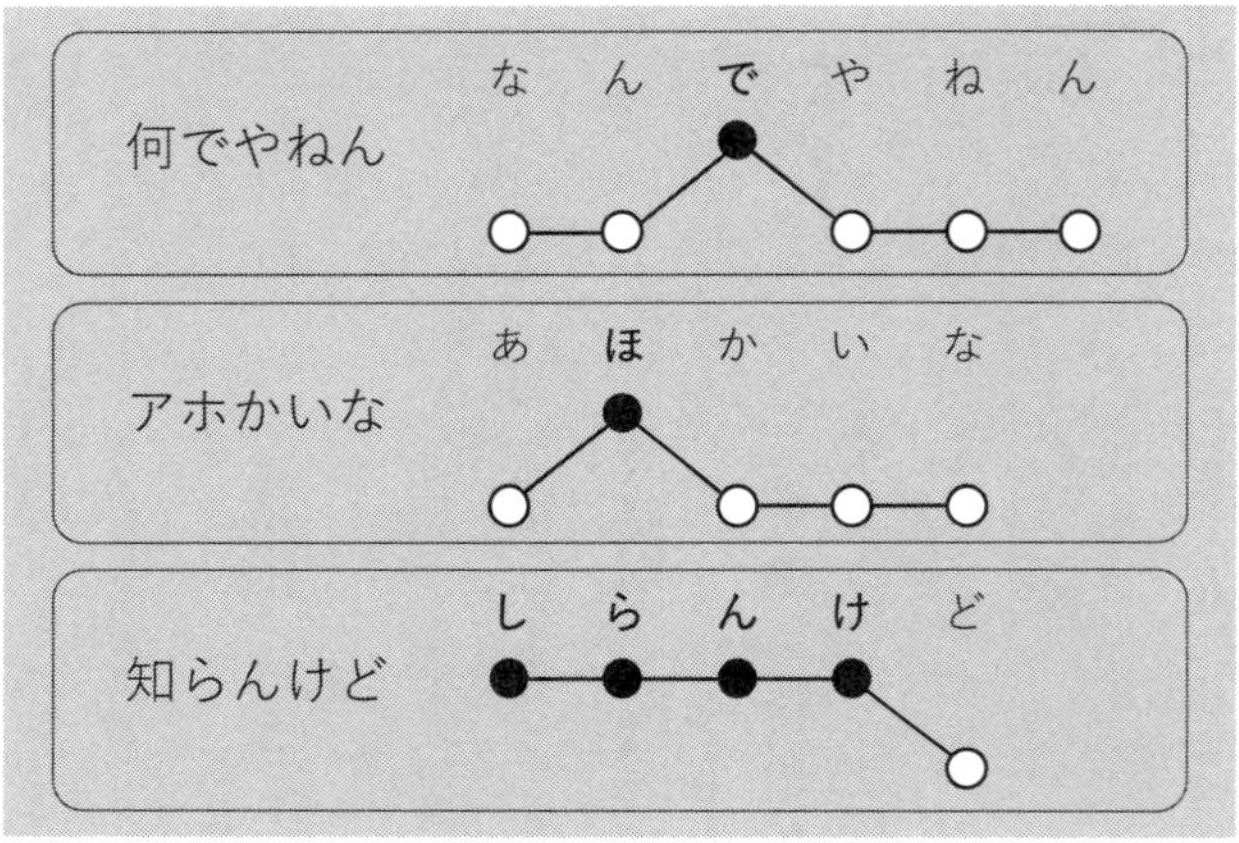

図2-11　関西弁有名フレーズのアクセント

トである。なお、最後の「り」が上がるのはメロディーの都合であり、語のアクセントには影響しない（図2－10）。

関西弁有名フレーズのアクセント

本節と次節は、何とか関西アクセントを自分のものとして、エセ関西人と見破られないようにしたい、ネイティブ関西人のフリをしたい、という方のための、関西アクセントのエッセンスを抜き出した、エクストラな講義となる。そういうつもりのない方は、読み飛ばしていただいて結構である。

まず、関西弁特有とされるフレーズの関西アクセントを示しておく。関西弁を真似したい人はよく練習して欲しい（○は相対的に低い拍、●は相対的に高い拍)。

何でやねん
アホかいな
知らんけど
ちゃうちゃう
よう言わんわ
ソース二度漬け禁止やで

なん**で**やねん
○○●○○○
あ**ほ**かいな
○●○○○
しらんけど
●●●●○
ちゃうちゃう
●　●●　●
よーいわんわ
●●●●○○
そーす**にどづけ**きん**し**やで
●○○●●●●○○●○○

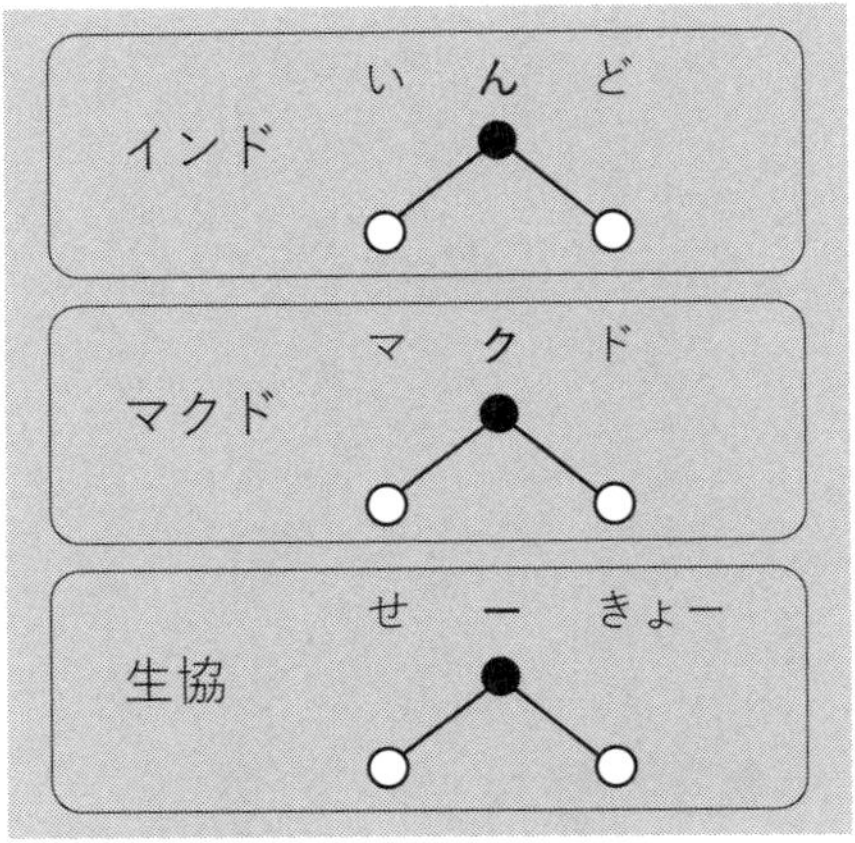

図2-12　関西アクセントの低起式2型

インド　いんど　○●○

マクド　まくど　○●○

また、関西人が特に好むパターンとして、低起式2型が挙げられる。低起式2型とは、低く始まって二番目の拍が高くなる、中高型のアクセント・パターンである。

関西人の発話の中には、このパターンが頻繁に現れるし、これを聞くととても関西弁っぽく聞こえる。これに加えて、標準語アクセントでは決して許されない、「ん」（撥音）や「ー」（長音）にもアクセントを置ける（その部分が高くて、次が下がる）という特色と相まって、関西独特の発音がこの型に集中している。

生協　せ**ー**きょー　○●○

貧乏　び**ん**ぼー　○●○

般教　ぱ**ん**きょー　○●○

三条木屋町　さ**ん**じょー**きや**まち　○●○　●●○○

関西アクセントを攻略したいのなら、この低起式2型のパターンを徹底しておさらいしておくことをお勧めする。

なぜ関西アクセントはメロディーが豊富なのか

東京アクセントと関西アクセントのメロディーの違いを知るには、それぞれのアクセントを決定する原理を知るのがよい。以下、やや形式的な説明になるので、少し読みづらいと感じる読者もあるだろうが、そういう方は、とりあえずこの節の最後の結論だけ見ていただけばいい。

東京アクセントは、「型」（0型、1型、2型、3型……）と呼ばれる数値によって記述できる。これは、単語の中の、音の下がり目を示す数字で、1型であれば一拍目の後で下がることを表す（拍とは、だいたい同じ時間で発音される音のまとまりのことで、拗音《ようおん》を除いて、原則として仮名文字一文字が一拍に相当する）。つまり一拍目が高く、二拍目が低くなるのである。

0型とは、その単語の中では下がり目がない、ということを表す。なお、同じ単語の中では、原則として一回下がるとあとはずっと低いままで保たれる。また、1型を除いて、第一拍は低く発音するのが原則である。東京方言の三拍名詞を例に取って、示しておこう。

・東京アクセントの三拍名詞

0型　スマホが欲しい　す**まほ**がほしい
○●●●

1型　稼ぎがない　**か**せぎがない

●○○○

2型　卵が割れた　**たま**ごがわれた

○●○○

3型　心が痛い　**こころ**がいたい

○●●○

　この方式で大事なのは、どの拍の後で下がるか（次の拍が低くなるか）というところである。一拍の単語を例に取ると、「下がり目がない」＝0型と、「一拍目の後で下がる」＝1型という二つの選択肢がある。

　二拍の単語であれば、「下がり目がない」＝0型、「一拍目の後で下がる」＝1型、「二拍目の後で下がる」＝2型の三つのパターンがあり得る。

　三拍の単語であれば、「下がり目がない」＝0型、「一拍目の後で下がる」＝1型、「二拍目の後で下がる」＝2型、「三拍目の後で下がる」＝3型という四つのパターンがあり得る。つまり、常に単語の拍数に1を足した数のパターンが生じる可能性があるのである。

　これに対して、京阪式アクセント（関西アクセント）は、「型」（どの拍の後ろで下がるか）

に加えて「高起式」「低起式」という、「式」と呼ばれる区別が加わる。高起式は、常に単語の頭が高い音で始まるグループである。低起式は、常に単語の頭が低い音で始まるグループである。このような、メロディーの基本パターンに関するグループ分けは、東京アクセントにはなかったものである。

同じく三拍名詞（一部、「その日」という複合形も入れている）で例を示そう。高起式は常に一拍目が●（高）で始まっていること、低起式は常に一拍目が○（低）で始まっていることに注意されたい。

・関西アクセントの三拍高起式名詞

0型　日差しが長い　**ひざし**がながい　●●●●

1型　稼ぎがない　**か**せぎがない　●○○○

2型　心がある　**ここ**ろがある　●●○○

3型　その日が来た　**そのひ**がきた　●●●○

・関西アクセントの三拍低起式名詞

0型　裸足が悪い　はだしがわるい　○○○○

1型　（定義的に該当なし）

2型　卵が割れた　た**ま**ごがわれた　○●○○

3型　そっちが悪い　そっ**ち**がわるい　○○●○

つまり、東京アクセントは単語のグループが一つしかなくて、その内部が型で分かれているわけであるが、関西アクセントはグループが二倍になって、それぞれの内部が型で分

	東京アクセント	関西アクセント
1拍名詞	2	3
2拍名詞	3	5
3拍名詞	4	7
4拍名詞	5	9

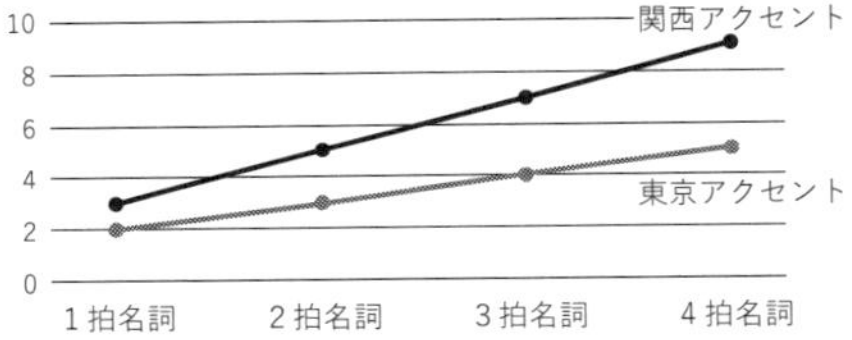

図2-13　東京・関西アクセントのメロディーのヴァリエーション

かれているのである。ただし低起式1型というのは高起式と重なるので存在しない。

このような原理で単語のメロディーが分かれるとすると、理論的には、そのメロディーのヴァリエーションは上の図のようになる（図2－13）。

つまり、標準語（東京アクセント）を話す人は、三拍名詞だと四種類のメロディーを使い分けるところ、関西弁（関西アクセント）を話す人は七通りものメロディーを使い分けなければならないということである（ただし、すべてのメロディーのパターンに同程度の単語数があるかというとそうではなくて、たくさん単語が含まれるパターンとかなり少ないパターンがある）。

この節で言いたいことは、次の通りである。

アクセントの原理から見て、東京アクセントに比べて関西アクセントのほうが、ヴァリエーション豊富で繊細である。ということは、東京式アクセントで育った人にとって、関西アクセントは習得するのがとても難しいということである。

この章のまとめ

本章では、次のようなことを述べた。

日本語の多くの方言では、単語の拍の音程によって作られるパターンが単語によって決まっていて、これを「アクセント」という。アクセントのパターンは地域による違いが大きい。近畿地方を中心に、関西アクセントの地域が分布しており、それを東西から挟む形で東京アクセントの地域が分布している。

関西アクセントは、大変韻律が複雑で豊かである。子どもたちの唱え言葉はこの韻律の豊かさのために、自然に歌になっていく。芸能の分野でも、またテレビCM等でも、この関西アクセントは活用されている。

このように、関西アクセントの韻律が豊かでメロディアスになるのは、東京アクセントに比して関西アクセントが、理論的には二倍近い複雑なアクセント・パターンを持っているからである。

コラム2

ソース二度漬け禁止やで——指定辞の「や」

標準語で「今日は雨だ」というところを、関西のほとんどの地域では、「今日は雨や」という。大阪名物串カツの店では、客が共通で使うソースの器に、「ソース二度漬け禁止やで」と書いてあったりするが、この「や」は指定辞の「や」である。なお、「で」は大阪でよく使う文末詞（終助詞）で、標準語の「よ」に近い。

この指定辞の「や」は「じゃ」が変化したもので、関西でも「今日は雨じゃ」という言い方もある。ただし関西では、「じゃ」はどちらかというと語気が荒く、少々下品な言い方と感じられる。たとえば喧嘩ですごんだりするときに、「われ、なんぼのもんじゃ」「何言うとんじゃ」のようにあえて「じゃ」を使うことがある。女性はまず、使わないと考えてよい。

この「じゃ」は、ひろく西日本に分布している表現で、東日本の「だ」と対立している（ただし西日本でも、「だ」を用いたり、「だ」も「じゃ」も用いない地域もある）。この

「じゃ」が北陸三県、岐阜県等いくつかの地域で「や」に変化しており、関西もそのような地域に含まれる。

一方で、岡山県や広島県では、今日でも「じゃ」が普通に用いられており、もちろん若い女性も使う。例えば、ダンス・ポップス・グループの「Perfume（パフューム）」のメンバー三人は全員が広島県出身者なので、トークの中でよく「じゃ」を用いている。関西人が聞くと、若い女性が恐いことば遣いをしているように聞こえて、慣れないとぎょっとする。

関西では、「じゃ」が古く「や」が新しい形で、古い「じゃ」が品のよくない表現に格下げされてしまったのである。このように、古い表現の言葉の品位が下がるということは、言語変化の中ではよくあることである。

第三章

大阪弁・関西弁はひとつじゃない

――「ほんもの」の大阪弁とは？

万城目学の小説と方言

作家の万城目学《まきめまなぶ》氏は大阪府出身、京都大学に学んだ方で、初期の作品では現代の関西地方を舞台にしたものが目立つ。『鴨川ホルモー』（二〇〇六年）は京都市、『鹿男あをによし』（二〇〇七年）は奈良市、『プリンセス・トヨトミ』（二〇〇九年）は大阪市、『偉大なる、しゅららぼん』（二〇一一年）は大津市など滋賀県、といった具合である。では、関西方言満載かというとそうではなく、『プリンセス・トヨトミ』で大阪弁が使われている以外は、主要な登場人物の台詞はすべて標準語である。

これは、作品の意図と関連しているものと考えられる。氏の作風は概ね、非日常的な伝奇的ストーリーを現実の土地柄と結び付けて展開していくもので、作品の趣旨にとって、関西方言が持つイメージは、おそらく無益どころか有害と考えられたのではないか。

つまり、これらの作品は、日常生活の裏で展開される超能力者どうしのバトルと青春の物語なのであり、ここに京ことばや関西弁ののんびり、とぼけたイメージは読者が作品世界に入っていくことを妨げてしまいかねない。

唯一例外となる『プリンセス・トヨトミ』は、明治時代に大阪の地下に造られた「大阪国」が現在も秘密裏に維持されていたとするストーリーであり、大阪弁は大阪国にとっていわば「国語」なので、外すわけにはいかないのである。

関西人の私にとっては、これらの地域では関西弁が話されていることはよく知っているので、作者の意図を推察することができるが、関西外の人にとっては、京都はともかく、奈良や滋賀でどんなことばが話されているかというのは、案外明確なイメージを持たない人も多いのかもしれない。また、京都弁のイメージも「京風はんなりどすえー」のような、古典的京ことば（本書では「どすえ京都弁」と呼ぶ）に留まっている人が多いであろう。現在の若者たちの使うことばはもっと大阪弁に近いのであり、そのイメージが却って作品世界を壊すのである。

ここで改めて、関西弁が話される地域と、それぞれの特徴を簡単に整理しておこう。特に大阪弁については少し詳しく考えていきたい。

東日本の「〜ない」、西日本の「〜ん」、そして関西の「〜へん」

日本の方言研究では、本土の方言を大きく西日本と東日本に分けることが行われる。その境界は、表現の種類によって異なるのだが、北は概ね富山県と新潟県の間、南は岐阜県と愛知県の間から、静岡県の天竜川河口の間のどこかを通るとされる（図3－1）。

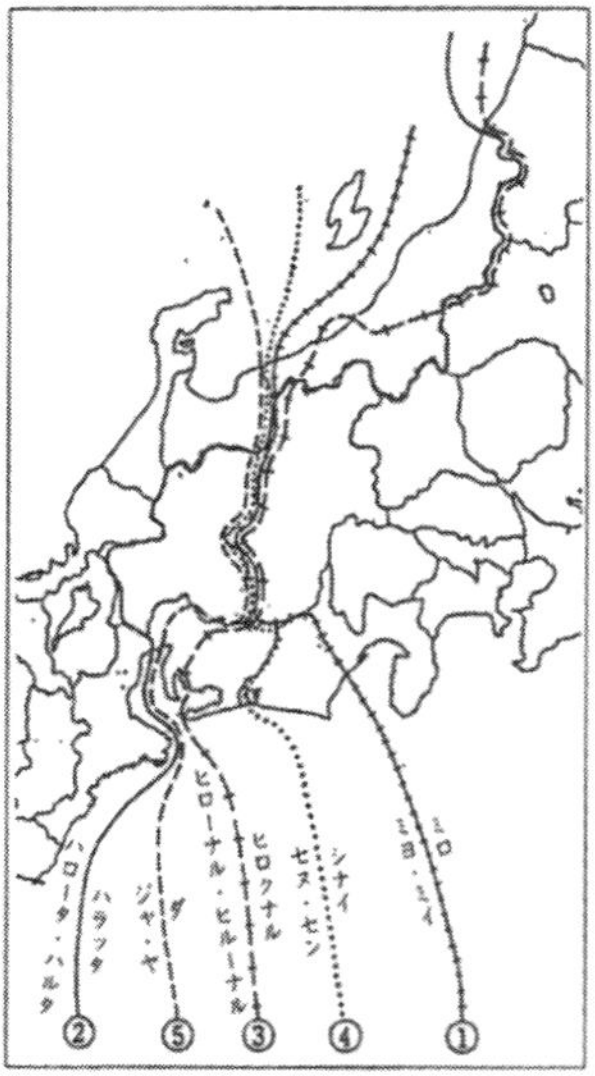

図3-1　東西方言の境界線（出典：徳川宗賢『日本語の世界8』）

　東西の方言を分ける指標として、指定の助動詞「～だ」対「～じゃ」、打ち消しの助動詞「～ない」対「～ん」、形容詞連用形の「～く（よく、あかく等）」対「～う（よう、あこう等）」、一段動詞命令形の「～ろ（見ろ、寝ろ等）」対「～い（見い、寝え等）」、アワ行五段動詞の音便形「～った（払った、しまった等）」対「～うた（払うた、しもうた）」が用いられる。前の形が東日本、後の形が西日本である。

　近畿地方は西日本に属するので、後の形に属するわけであるが、近年の共通語化（標準語化）と、近畿独特の形が適用されて、この対立のままには当てはまらないところもある。たとえば、打ち消しは「～ん」も用いるが、「～へん」を用いることが多い（「～へん」は「～せん」（＝しない）に由来するので、大きくは「～ん」の子孫である）。また指定の助動詞は

「〜じゃ」も用いるが、日常的には「〜や」を多く用いるであろう（「〜や」は「〜じゃ」の変化した形で、山口方言など、近畿以外でも「〜や」を用いる方言はある）。

なぜこのようなことになるかというと、西日本は広く、近世（江戸時代）以前の京都の言葉の影響を強く受けているが（九州地方は独自の基盤もある）、こんにちの関西は近代以降の大阪で用いられた表現に影響された表現がよく用いられるからである。

関西弁の使用地域

方言が関西弁かどうかを考えるには、右に述べたような文法的特徴（本書の各コラムでも紹介している）に加えて、前章で紹介したように、アクセントと呼ばれる語の音の高低のメロディーの分布を見るのがよいとされる。

たとえば「はし」を発音するとき「橋」であれば「**は**」を高く、「し」を低くし、「箸」であれば「は」を低く、「**し**」を高くする、といった具合である（ただし、「箸」のように低く始まる語は、後に続く単語の語頭の高低によって、最後の拍の高低が変わるので注意）。

これらの特徴で見ていくと、兵庫県・京都府でも北部は近畿方言ではなくなる。しかし福井県の嶺南地方と呼ばれる若狭湾岸はむしろ近畿方言的である。また行政区画では三重県はしばしば近畿外とされるが、方言的には近畿方言と言ってよい。

　このような分布を考える上で、都道府県制が敷かれる以前の、旧国名を見ると分かりやすい（図3－2、図3－3）。なぜなら、旧国名によって分けられた地域は、古くから交通や風土や産業等によって結び付けられた人の交流の境界をよく反映しているからである。近畿地方の旧国名を、府県別に見てみると次のようになる。

図3-2　現在の近畿地方

・滋賀県　近江《おうみ》国
・京都府　山城《やましろ》国　丹波《たんば》国　丹後国
・大阪府　摂津《せっつ》国　河内《かわち》国　和泉《いずみ》国
・兵庫県　摂津国　播磨《はりま》国　丹波国　但馬国　淡路国

・奈良県　大和《やまと》国
・和歌山県　紀伊《きい》国
・三重県　伊賀《いが》国　伊勢《いせ》国　志摩《しま》国

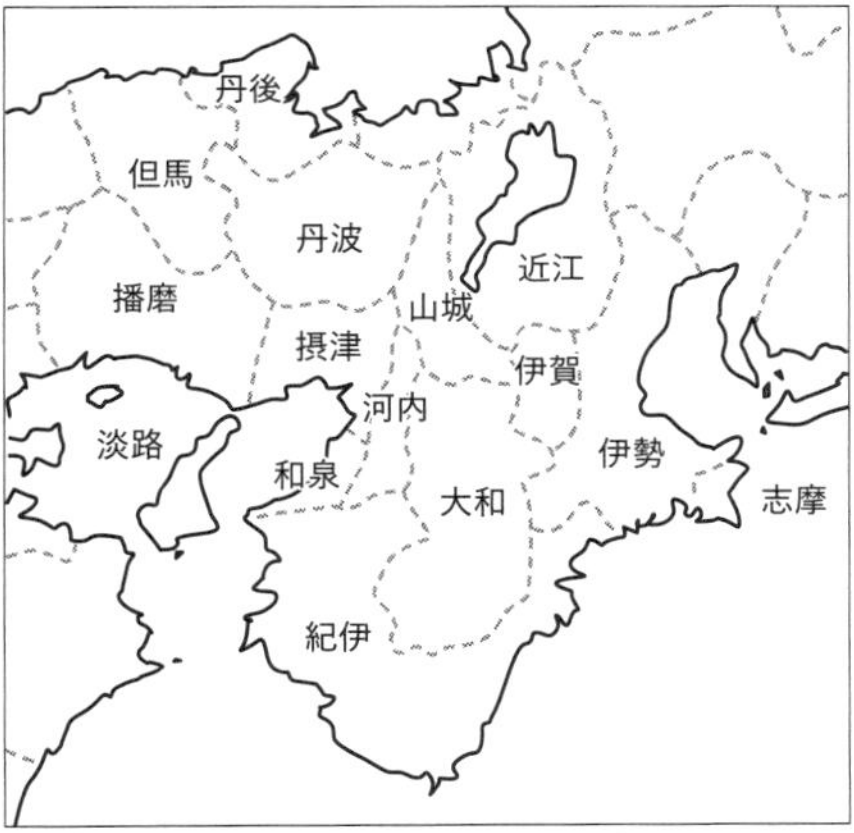

図3-3　近畿地方の旧国名

さらに、近畿地方の地形についても見ておく必要があるだろう。図３－４を参照されたい。図３－３と図３－４を見比べると、旧国名の地域は、山地や河川等の地形によっておのずから分割されていることに気付かれるだろう。

すなわちその地形による区分が、人々の生活を切り離し、地域内部の文化や言語の均質性を醸成しているのである。方言を見るのに旧国名が役立つのはそういう理由による。

これに加えて、道路、鉄道、水路等を介し

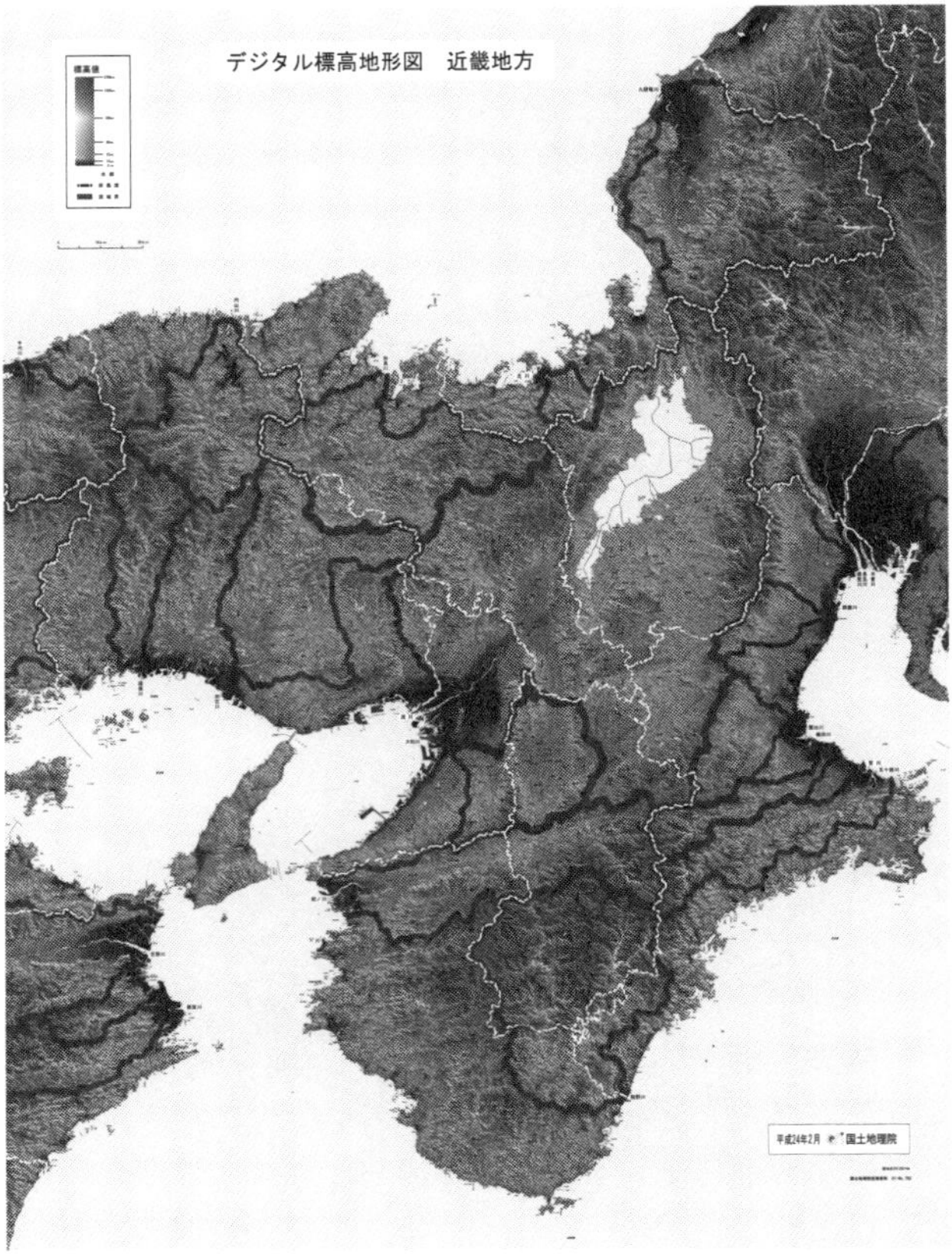

図3-4　近畿地方の標高地形図。点線は現在の府県境、太線は流域界（出典：国土地理院技術資料D1-No.783）

た人々の移動や接触も言語の形成に影響を与える。例えば福井県の若狭湾と京都市を結ぶ道のりはかつて「鯖《さば》街道」と呼ばれ、日本海の海産物が多く京都市中に運ばれた。このことと、福井県嶺南地方のことばが関西弁に近いこととは当然関連している。

以下に、この旧国名の境界および地形図を頭に置きながら、都道府県別の方言の特徴を簡単に見ていく。大阪についてはやや詳しく述べるので、後回しにする。

関西弁の基層を作った京都方言

古代、朝廷が置かれて栄えていたのは、大和（奈良）、山城（京都）、近江（滋賀）、摂津（大阪）であった。また河内にも古墳が存在し、有力者が勢力を持っていたことが知られる。播磨国にも平氏が福原宮を開いたことがあった。

このうち、特に山城国（京都）は言うまでもなく、最も長期にわたって宮廷が置かれた地であり、「みやこ」と言えば京都を指した時代が長かった。そのことから、政治、経済、産業、文化とあらゆる面で、畿内における京都の優位性は、歴史的に揺るぎのないものと言っていいであろう。

言葉の面でも、平仮名が生まれ、それを利用して「枕草子」や「源氏物語」など、口語的な仮名文学が生まれたのが京都である。関西弁の基層は、京都方言が作ったのである。京ことばは長い間、日本の標準語であり、鎌倉に武家政権ができても、戦国時代各地に群雄が割拠しても、京都の位置は揺るがなかった（平山輝男ほか『京都府のことば』）。

ことに、関西アクセント＝京阪式アクセントは現在でも関西に広く行き渡っているのであり、逆に言えば、関西アクセントの流通地域は、京都からの影響の強かった地域と考えてよい。

なお、京都方言の勢力範囲は北は丹波国までで、丹後国までは及ばなかったものと見られる。丹後地方の方言は今日でも中国方言に近く、アクセントは東京アクセントに類似している（松丸真大「京都府の方言概説」）。

北の地域は別の国――兵庫県

兵庫県は、旧国名が五国も入り交じっている、複雑な地域である。関西弁はざっくり言って、摂津国、淡路国、丹波国に広がっており、但馬国は、丹後国と並んで、中国方言の地域に入るので、アクセントも関西アクセントではない。

阪神間の旧摂津国（尼崎市、西宮市、芦屋市）は、大阪方言の出店のような地域であり、むしろ関西共通語に近いことばを話しているとみることができよう。また同時に、標準語化の極めて進んだ地域でもある。

これに対し、神戸市以西は播磨（播州）方言に属するのであり、それは次のような特徴を持つ。

・テヤ敬語（例「先生どこにおってですか」＝いらっしゃいますか。古くは摂津でも言われていた）
・人の存在を表す「おる」（右記の例参照。大阪では「どこにいてはりますか」）
・結果や進行を表す「～とー」（例「知っとー」「読んどー」）
・進行を表す「～よる」が用いられる（例「昨日、表を歩きよったら」＝歩いていたら）

摂津方言と神戸・播磨方言の境目について、方言学者の鎌田良二氏は、「読みはる」（＝お読みになる）「泣いてはる」（＝泣いていらっしゃる）等のハル敬語と「おってですか」等のテヤ敬語の分布を調べた結果、神戸市東灘区の住吉川にその境界があったことを突き止めた（鎌田良二『兵庫県方言文法の研究』）。例えば「先生が来ていらっしゃる」と言いたいとき、住吉川東岸の人は「先生が来てはる」と言い、西岸の人は「先生が来てや」と言う、ということである。

なお、神戸・播磨方言の西の端を、アクセントを中心に見てみると、姫路あたりまでは関西アクセントが用いられているが、竜野、赤穂《あこう》では関西アクセントと東京アクセントとの境界的なアクセントが出現している（都染直也「兵庫県の方言概説」）。

独自の発達を遂げた和歌山方言

和歌山の旧国名である紀伊国は、平安時代には熊野三山の神社が建てられ、また紀三井《きみい》寺《でら》、金剛峯寺《こんごうぶじ》等の大寺院が建立されるなど、宗教的に重要な地域であった。また、平安時代の熊野水軍や、中世には雑賀衆《さいかしゅう》や根來寺《ねごろじ》等、中央の権力に与しない独自の武装集団が組織されるなど、軍事的にも重要な地域であった。江戸時代には、徳川御三家の紀州徳川家が支配をする地域となった。このように、独自の地勢的特徴を持った土地柄であるのは、中央から見て河川や紀伊山地に隔てられた地理的な特徴ゆえのことであった。ことばの面では、関西方言の中でも特に独自の特徴を多く持つと言える。

例えば、多くの日本語では有情物（人間・動物等）の存在を「いる」、非情物（人間・動物以外の事物）の存在を「ある」のように動詞を使い分ける地域が多いが、和歌山方言ではこの関係が逆転していると言われることがある。

この点について拙著『日本語存在表現の歴史』では、逆転ということは正しくなく、中央でも見られる「いる」と「ある」の区別の軸がややずれたために生じた現象であると論じている。また山間部では「おる」が用いられ、新宮《しんぐう》や田辺《たなべ》の「ある」が新しい語彙であるとも推測している。この「ある」がいつもたらされたかは不明であるが、平安〜中世の間のことかとも考えられる。

また、「どーきん」（雑巾）、「だぶとん」（座布団）など、ダ行とザ行の音の混同・置換がよく起こることも知られている。これらの混同・置換は、近畿の他の地域でも広く見られはするが、和歌山県下ではもっとも顕著であり、よく残存しているのである（中井精一「和歌山県の方言概説」）。

奈良方言・滋賀方言・三重方言

奈良、滋賀、三重の三県は、近畿地方の中でも人口が比較的少なく、それもあって今日では言語面での独自色が薄い傾向にある。ざっとまとめて見ておきたい。

奈良は、旧国名が大和国であり、言うまでもなく奈良・飛鳥を中心に大和王朝が出発し、栄えた土地柄である。奈良市近辺は、大阪・京都のベッドタウン化していることもあって、両方言の影響が強い。ところが、十津川を中心とする県南部の山間地域は、関西アクセントではなく、東京アクセントに近いことがよく知られている。関西の中でも、古来、秘境中の秘境であった所以である（中井精一「奈良県の方言概説」）。

滋賀県は近江国であり、交通の要衝として重視され、また琵琶湖の水産資源や県南の豊かな農産資源も知られるところではあるが、言語的には京都の影響が強く、独自色は弱いと言える。また一部、東に隣接する中京地域との連続性も見られる（松丸真大「滋賀県の方言概説」）。

三重県は伊賀国、伊勢国、志摩国からなり、古代より近畿と太い政治的・宗教的・経済的な繋《つな》がりがあり、関西アクセントが用いられ、広い意味で関西方言に含められる。一方で、今日では北部を中心に中京圏との繋がりが太く、文化的には中京圏との繋がりが深い。自転車を表す「ケッタ」や、尊敬表現の「〜てみえる」等は、愛知県の方言の影響下にあることをよく示している（岸江信介「三重県の方言概説」）。

「京都」対「大阪」の由来

大阪の地誌とことばについて詳しく見ていく前に、京都と大阪の方言の違いとその由来、また気質の違い等について考えてみたい。京都と大阪を対比的に捉える対抗意識は江戸時代からあったとされるが（平山輝男ほか『京都府のことば』）、それほどに関西の中でも京都と大阪はライバル関係として捉えられやすいのである。

まず、大阪弁と京ことばの違いとしてよく取り上げられる語彙・文法項目について挙げて見る。

	京都	**大阪**
存在動詞	おす	おます・ごわす
存在動詞＋打ち消し	おへん	おまへん・ごわへん
指定	どす	だす
指定＋推量	どっしゃろ	だっしゃろ
「書いてごらん」	書いとーみ	書いてみ（なはれ）

まず注意しておきたいのは、ここに挙げたような形式は決して古いものではなく、こういった形が出そろったのはほとんど明治時代以降、むしろ大正から昭和の時代にかけてのことである。

そして次に、大阪のほうはいわゆる「コテコテ大阪弁」で、現代の大阪人は最後の行以外はまず日常的には用いない（コラム4参照）。京都についても同様である。これを日常的に使いこなしている人は、まず舞妓《まいこ》さん、芸妓《げいぎ》さん、お茶屋さん、そしてお土産屋さん、旅館のおかみさんといった、営業語としての京ことば（「どすえ京都弁」）を使う人である。つまり、リアルな方言というよりは「ヴァーチャル方言」に近く、かつ「役割語」的な表現に現れるものということである。

「ヴァーチャル方言」というのは、日常でリアルに用いられる方言ではなく、フィクションなどで用いられる方言のことで、多くはリアルの方言になんらかの編集・加工が加えられている。田中ゆかり氏の『「方言コスプレ」の時代』によれば、ヴァーチャル方言はそれが使用されている地域を明示するための「地域用法」と、受け手の持つ方言イメージを資源とした「キャラ用法」に分かれるが、「キャラ用法」は方言を利用した役割語であるとも言える。

ここでいう役割語とは、特定の人物像と結び付いた話し方のことで、例えば「わしが知っておるんじゃ」という役割語は老人を、「わたくしが存じておりますわ」というような役割語はお嬢様を話し手として想定させる。「コテコテ大阪弁」や「どすえ京都弁」はしばしばキャラ用法、つまり役割語として利用されるのである。

なお、両者のことばの大きな違いが敬語に偏っている点は注目してよい。つまり、「〜どす」対「〜だす」、「おす」対「おます」等である。つまり、人口密集地としての京都と大阪は、人間関係の捉え方をそれぞれ独自に発達させてきたということである。

なぜ京都と大阪は対立するのか

次に、京都と大阪の気質の違いであるが、これも誇張されて、さまざまなメディアで取り上げられるところである。簡単にまとめると、次のようなものである。

・京都人の特徴

「町の歴史や京都の生活にプライドを持っている。また、京都と言ってもいわゆる洛中のみが本当の京都であり、その外は「京都ではない」としばしば見下される。」

「表面的には柔らかな物言いで、間接的な表現に終始し、真意を口にしない（それを都会人の優しさと考えている）。」

・大阪人の特徴

「派手なもの、きらびやかなもの、新しいものに関心が高く、歴史的なものには関心が薄い。」

「あけすけで、ずけずけとした物言いを好む。建前よりも本音を大切と考え、そのことが発言や行動に表れやすい。」

このように両者の特徴は対照的とでも言っていいほどであるが、もちろんこれもステレオタイプであり、皆が皆そうであるという訳ではない。

しかしこのように見えがちであることは、やはり京都と大阪の歴史の違いに由来する。千年の古都であり、戦禍も受けなかった京都と、たかだか四〇〇年程度の歴史しかなく、しかも大きな戦災を経ている大阪とではおのずから考え方に違いが出たとしても無理はない。しかも、今日の人口・経済・大衆的な文化において大阪が優位傾向にあるので、お互いを見る目に屈折が生じるのであろう。

例えば井上章一《しょういち》氏は、京都人が面従腹背《めんじゅうふくはい》と言われることに関して、これはジャーナリズムに携わる人間が作り出した言説であり、「彼らの汚点を、彼らにかわって引き受けてくれる、いわばいけにえのような議論なのではないか」と述べている（井上章一『関西人の正体』）。こういった、京都人を誹《そし》る論調に、京都にコンプレックスを持つ大阪人は簡単に同調しがちであるということだ。

大阪方言深掘り①——摂津方言と船場ことば

最後にいよいよ大阪である。現在の大阪府は、江戸時代までは摂津国、河内国、和泉国の三国からなっていた。順に見ていこう。

旧摂津国は、大阪府中西部、同北部、兵庫県南東部という広い地域にわたっているが、京都のことばの影響を受けつつ、その周辺部として、つまり京から見た「田舎」の方言としてあったものと思われる。その後、商都大阪の発展に伴い、独自の発達を見るとともに、標準語化の影響をも強く受けた。その大阪弁の中心となったのは、船場《せんば》地域のいわゆる「船場ことば」である。

日本語学者の中井精一氏によれば、船場は「商人の町」なので、できるだけ丁寧な表現を用いるように努めた。その結果、一般の大阪市民が用いる「おます」「だす」よりも丁寧な「ございます」「ごわす」「ごあす」を用い、尊敬語も「なはる」「はる」よりも、「なさる」や京ことばから取り入れた「お〜やす」を多用したという。また、「おかか（鰹の削り節）」「おかき（かき餅）」「おかず（副菜）」のような女房ことばを多く用いたということである（中井精一「関西弁と社会階層」）。

一方で、一般の大阪市民はむしろせっかちで、勢いある発話を好む傾向にあり、単語の発音にも、拗音化・撥音化・促音化を好み（例「松屋町筋」→「まっちゃまちすじ」、「ですやろ」→「でっしゃろ」、「ことや」→「こっちゃ」、「ちがう」→「ちゃう」）、短縮表現を好む（例「上本町六丁目」→「上六」、「天神橋筋六丁目」→「天六」）。

またなぜかエ列音が好きで、「来ない」は「けーへん」、「しない」は「せーへん」、「見えない」は「めーへん」となる。人の存在を表す「いる」の用法にも特徴があり、「いてる」となるのは摂津方言の特徴である。京都では単に「いる」を用いることが多い。

なお、大阪中心部、すなわち摂津方言は単に地域語であるのみならず、大阪の経済・文化的基盤を背景として、大阪方言が新たな関西共通語の基盤となった点は重要である。そのことの背景に、大阪のお笑い文化があることは第四章以降で触れる。

このように、摂津方言は今日の関西弁の中心的な言語ではあるが、一方で北摂・阪神間は、鉄道網が発達し、首都圏とのパイプも太く、絶えず新たな住宅地が開発され、転勤族が多く暮らすなど人々の交流も盛んなので、標準語化が急速に進んでいる地域でもある。北摂・阪神の若い家庭では、子どもが生まれると標準語で育てようとする傾向が強い（私自身の娘夫婦もそうであった）。そのように育てられた子どもたちが方言を話すようになるのは幼稚園・保育所・小学校以降のことになることも多い。

大阪方言深掘り②――河内方言の過去と現在

河内方言は、『悪名』（一九六一年）を始めとする今東光の「河内もの」シリーズや、ミス花子が歌った「河内のオッサンの唄」（一九七六年）等によって、荒々しい、あまり品のよくないことばとしての印象が植え付けられた感がある。

その特徴とは、巻き舌、ダ行・ラ行の混同、疑問の「け」、二人称の「われ」の使用等であるが、真田信治氏によればこれらの特徴は元来、お隣の摂津方言にも共通に見られる特徴なのであった（真田信治「河内弁」）。加えて、「け」などは実は、かつて関西全域に分布していた要素なのである。

つまり、摂津方言＝大阪市中西部のことばが明治時代以降急速に都市化し、敬語を発達させ、また標準語化の波に洗われる等して、いわば「都会のことば」として発達を遂げてきたのに対し、河内はのんびりした農村部としてその変化から取り残され、古い特徴（巻き舌、ダ・ラ行の混同、「け」、「われ」等）を持ったまま今日に至ったのである。

そう考えれば、「河内音頭」等、地域の行事もさかんな土地柄であり、古いことばを残しやすい環境であったと言えよう。『大阪府のことば』という本では、「河内弁が特殊なものという意識は、喧嘩ことばや罵りことばを多用するとイメージに基づく部分も大きいが、それはことばの問題と言うより人の気質の問題であろう」としている。

しかしながら、今日の河内地域は交通網の発達もあって、もはや摂津方言に対抗する独自性が急速に薄れていっていると言ってよい。つまり『悪名』や「河内のオッサンの唄」の世界はヴァーチャル方言化していっているのである。

大阪方言深掘り③――泉州方言の独自性

先に述べたように、摂津方言と河内方言はもともと一体のものであると見なすことができるが、和泉国で話されていた泉州《せんしゅう》方言は、摂津・河内方言とかなり異なった特徴を多く持っている。概ね、次のようなものである。

・基本的に、敬語（尊敬・謙譲・丁寧とも）が発達していない。ことに、摂津の方言であるハル敬語（「書きはる」「言わはる」等）は使わない。
・独特の語彙が発達している。例えば、机の端からものが落ちることを「まくれる」と言う等。
・一段動詞の柔らかい命令形として、「見り」「起きり」「食べり」等がある（実は同じ形が播磨方言でも用いられる）。
・疑問形の「〜け」をよく用いる（例「飯食うけ」＝ご飯食べるか）。ただし実は河内方言のみならず、もともとは関西に広く分布していたものである。
・語彙、文法等において和歌山方言と共通の特徴を多く持つ。

これは、地理的に和歌山に近く、海岸縁の水路にそって泉州と紀州の交流が古くからあったことに起因すると見られる。またこの地域は、「だんじり祭」に熱中するなど、地域の祭礼の特に盛んな地域である。こういった地域は、伝統方言を残しやすい傾向にある（西尾純二「泉州弁」)。

なお、二〇一一年度後期のNHK朝の連続テレビ小説(いわゆる朝ドラ)「カーネーション」では、泉州の中心都市である岸和田をできる限り忠実に取り込む努力が払われた(金水敏ほか『ドラマと方言の新しい関係』)。このドラマでは、岸和田市在住の俳優・林英世《ひでよ》氏を「ことば指導」として起用し、脚本の段階から収録時に至るまで、徹底して岸和田弁らしさを追求したのである。右記の特徴は、このドラマにもよく生かされている。

「ほんもの」の大阪弁はあるのか

『大阪のことば地図』では、さまざまな語彙項目の分布を通して大阪方言の多様性を明らかにしている。単に地理的分布だけでなく、在住歴や家族の出身地等によっても表現が異なることを、中井精一氏は「いかへん」「いけへん」「いかん」等の使用状況を通して指摘している。中井氏はこのようにまとめている。

大阪で使用されるいくつかの大阪弁を見れば、そこに順位や規範といった堅苦しいルールが極めて希薄であることに気がつく。この規範の希薄さが時に批判の対象ともなっているが、それゆえこの都市が今でも活気が絶えないとも言える。大阪弁のありようを見ることで大阪の都市としての特徴も明確になってくる。

（中井精一「いくつもの大阪といくつもの大阪弁」）

このことは、次のようにも言い換えられる。大阪弁は絶えず変容しているし、常に多様である。それが大阪弁の真実である。この点について、例えば、泉州・岸和田出身で神戸市在住の雑誌編集者の江弘毅《こうひろき》氏は『K氏の大阪弁ブンガク論』の中で次のように述べている。

関西方言には標準語のようなものはない。つまり京都人は京都弁、大阪はもっと多く、K氏ら岸和田の人間は岸和田弁、東大阪や八尾の人は河内弁を大阪市内で普通に喋っている。

「〜しよう」「〜しとう」という神戸〜播州系の言語も梅田近辺ではしょっちゅう聞こえるし、「でんでんかまいませんよ」などと、「ざじずぜぞ」が「だぢづでど」になる和歌山弁を聞いたりすると、近しい泉州地方出身のK氏からすれば、思わずにやってしてしまう。

（江弘毅『K氏の大阪弁ブンガク論』）

しばしば、「いま芸人たちが使っている大阪弁はほんものではない」とか、「船場ことばこそ、真の大阪弁だ」というような言説を、大阪在住の（おもに年輩の）方から耳にするが、諸手《もろて》を挙げて賛成することはできない。そのようにおっしゃる方の心の中には、きっと「ほんもの」の大阪弁が存在するのだろうし、そのことを否定はしない。

しかしそもそも、ことばにおいて、「ほんもの」とか「標準」とか言うときは、だいたいファンタジーかフィクションと考えてよいし、まして大阪弁・関西弁について言えば、絶えず変容していくエネルギーこそがその活力の源であると考えるのである。そういう意味で、「ほんもの」の大阪弁というものは存在しない。

この章のまとめ

関西弁は大きく西日本方言の一部と見なせるが、独自の特徴を多く持つ。地域の方言を観察する上で、現在の府県の境界よりも、旧国名による地域区分が実質的であり、分かりやすい。それは、地理や人々の交流といった区分によって国境が設けられているからである。

京都は、近畿地方への、ひいては日本全体への文化の発信地であり、近世以前の近畿のことばは京都のことばに繋がっていると言える。しかし近代以降、大阪の文化が台頭するとともに、京都と大阪のことばは違いが大きくなっていった。大阪弁の成立の歴史については次章で詳しく触れる。

大阪方言は摂津、河内、和泉（泉州）の三つの地域に分けて考えられるが、今日、摂津と河内の違いはあまり大きいものではない。これに対し、泉州の方言は摂津とはかなり異なるもので、これは和歌山との繋がりや、祭礼等、地域の結束を重んじる土地柄によるものと考えられる。

大阪弁には規範意識が薄いという指摘もあるが、変容こそが大阪弁・関西弁の活力の源である。つまり、「ほんもの」の大阪弁というものは存在しない。

コラム3

地震や、揺れてはる——ハル敬語について

関西弁特有の敬語形式として、「書きはる」「座りはる」のような「はる」がある(「書かはる」「座らはる」のような形もある)。これを、ハル敬語と言うことがある。「はる」のもともとの形は標準語にもある「なさる」であり、これがサ行音→ハ行音の変化を経て「なはる」となり、さらに縮約されて「はる」となったと考えられている。「なはる」は古い形であるが、年輩の方を中心にまだ使われている。

また「なはる」と「はる」の違いとして、「なはる」には命令形「なはれ」があるが、「はる」には命令形がない。だから「早よしなはれ」(早くしなさい)は言えるが、「早よしはれ」とは言えない。

また運用上の特徴として、尊敬語の枠をはるかに越えて「はる」を付けるということがある。これは特に京都で顕著である。

たとえば「表で誰か騒いではる。恐いわ」とか「巨人また一点入れはった。いやや

わ」などと言うばかりか、「赤ちゃんおしっこしはった」「お豆さん煮えてはる」「地震や、揺れてはる」などと言うこともある。もはや尊敬語と言うより、美化語（話し手を上品に見せる用語）に近い。

なお、ハル敬語は京都、大阪ではよく用いられるが、西は神戸市東灘区あたりを境とし、南は泉州以南では用いられない。兵庫県北部の但馬や京都府北部の丹後地方でも用いられない。

本章で紹介したように、神戸市以西ではハル敬語に変わって「先生、おってですか」のようなテヤ敬語と言われる形式がよく用いられる。

第四章

大阪弁はいつ、どのように生まれたのか

――「コテコテ大阪弁」の誕生とその後

歴史ドラマのうそ

江戸時代を描いた歴史ドラマ、時代劇を見ていると、「浪速者」あるいは「上方者」という登場人物が出てきて、「さようでおまんがな」とか「ちゃいまんねん」とか、いわゆる関西弁をべらべらしゃべるというシーンにしばしば遭遇する。いや、そうでないほうが珍しいといってもいい。例として、テレビ時代劇「桃太郎侍」に登場する、居酒屋「上方屋」主人、熊造（茶川一郎）の台詞を見てみよう。

熊造「おいでやす」
おはる「いらっしゃいませ」
猿の伊之助「おれはいつものでいいけどな、こちらの旦那には、なんか見繕って、口に合うもの作ってくんな」
熊造「へえ、そやけど、うちの店であんまりたいしたものできしまへんけど」

（高橋英樹版「桃太郎侍」第一話より）

しかし、こういったキャラクターが話している関西弁は、いつ出来たのだろうか。本当に江戸時代の上方者は、こんな話し方をしていたのだろうか。
この疑問について、大阪弁の歴史をひもときながら、考えてみたい。

大阪の性格は変わり続けてきた

仲野徹《とおる》氏著『仲野教授のそろそろ大阪の話をしよう』で、ゲストスピーカーの歴史学者・高島幸次《こうじ》氏が次のように述べている。

まず難波宮の時代は、明らかに日本一の**政治都市**でした。四天王寺の門前町は日本一の門前町でもありました。中世には、堺港は、日本一の港でしたから、**港湾都市**であると同時に、**貿易都市**でもあり、**国際都市**といってもいい。大坂本願寺があったときは日本一の**宗教都市**だし、秀吉が大坂城を築城すると、再び日本一の**政治都市**になり、さらに日本最大の**商業都市**、**経済都市**となって、文楽や歌舞伎を考えると**芸能都市**ともいえる。文楽・歌舞伎は前衛芸術でしたから、**前衛都市**でもあった。大阪大学のルーツになる懐徳堂や適塾は、江戸の昌平坂学問所のレベルを超えたといわれますから、**学問都市**の側面もあった。近代になってからは「東洋のマンチェスター」とかいわれる**工業都市**になるし。

（仲野徹『仲野教授のそろそろ大阪の話をしよう』、太字強調は引用者）

ややもすると実利一辺倒の現実主義の町のように言われたり、お笑いの文脈でのみ語られたりしがちな大阪であるが、この発言にあるように、多様・多彩な性格を持ち、またその性格を絶えず変え続けてきたエネルギッシュな土地柄であることをまず念頭において、大阪の歴史をことばの面から眺めていきたい。

古代、「大阪」はなかった

以下に、大阪の歴史をことばを中心に見ていく。左の大阪文化史年表を参照されたい（表4－1、表4－2）。

前章に見たように、大阪府はかつて摂津、河内、和泉の三国に分かれていた。特に大阪市の大部分が含まれる摂津国は、古代には大きく現在と地形が異なっていた。

六〇〇〇年前の大阪湾には、今日の上町《うえまち》台地が南から北に半島状に突き出していて、その東側は河内湾と呼ばれる海が広がっていた。河内湾は縄文時代に海岸のせり出しによっ

西暦	元号	政治・経済・産業・世相	文化・文芸・芸能
1580	天正8	石山本願寺焼失	
1583	天正11	豊臣秀吉大阪城築城	
			【能・狂言が盛んになる】
1598	慶長3	豊臣秀吉死去	
1600	慶長5	関ヶ原の合戦	
1603	慶長8	江戸幕府が始まる	出雲阿国が四条河原でかぶき踊りを始める
1614	慶長19	大坂冬の陣	
1615	慶長20	大坂夏の陣	
1619	元和5	大阪城下が天領となる	
1682	天和2		井原西鶴『好色一代男』
1684	貞享元		道頓堀に竹本座開館が開かれる
1685	貞享2		近松門左衛門『出世景清』
1692	元禄5		井原西鶴『世間胸算用』
1703	元禄16		近松門左衛門『曽根崎心中』
1715	正徳5		近松門左衛門『国性爺合戦』
1720	享保5		近松門左衛門『心中天網島』
1724	享保9		懐徳堂が開かれる
1730	享保15	堂島に米会所が開かれる	
1745	延享2		『夏祭浪花鑑』
			【18世紀後半以降、文運東漸(上方文化の江戸への移入)】
1802	享和2		十返舎一九『東海道中膝栗毛』(～1814／文化11)
1809	文化6		式亭三馬『浮世風呂』(～1813／文化10)
1838	天保9		緒方洪庵が適塾を開く
1853	嘉永6	ペリー浦賀来航	
1864	元治元		『穴さがし心の内そと』(元治年間[1864～1865]前後)
1867	慶應3	大政奉還	
1868	明治元	明治政府が大阪府を置く	
1870	明治3	大阪砲兵工廠創設	
1871	明治4	造幣局創業	
1878	明治11	大阪株式取引所・商法会議所開設	
1883	明治16	大阪紡績操業開始	
1885	明治18	五代友厚死去	
1889	明治22	大阪市成立	
1903	明治36	初代通天閣竣工	
1915	大正4		曽我廼家五郎劇
1923	大正12	関東大震災	
1925	大正14	第二次市域拡張が行われ、「大大阪」時代を迎える	

表4-1　大阪文化史年表 江戸～大正

西暦	元号	政治・経済・産業・世相	文化・文芸・芸能
1934	昭和9		エンタツ・アチャコ、大阪で初の寄席ラジオ中継 初代桂春團治死去
1940	昭和15	大阪市の人口が325万人に達する	織田作之助「夫婦善哉」
		【戦時体制で東京に首都機能が集中する】	
1943	昭和18		谷崎潤一郎「細雪」連載開始
1945	昭和20	大阪大空襲 太平洋戦争終戦	
1948	昭和23		松竹新喜劇開始
1953	昭和28		二代目桂春團治が死去し、上方落語滅亡の危機
1954	昭和29		ラジオドラマ「お父さんはお人好し」
1955	昭和30		映画「夫婦善哉」
1961	昭和36		今東光『悪名』
1962	昭和37		吉本新喜劇開始
			【上方落語「四天王」(六代目松鶴、三代目米朝、三代目春團治、五代目文枝)が活躍】
1969	昭和44		「ヤングおー！おー！」開始
1970	昭和45	日本万国博覧会(大阪万博)	
1971	昭和46		「新婚さんいらっしゃい！」開始
1973	昭和48	第一次オイルショック	
1974	昭和49		笑福亭鶴光、オールナイトニッポンのパーソナリティに就任(～1985／昭和60)
1978	昭和53		漫画『じゃりン子チエ』(～1997／平成9)
1980	昭和55		マンザイ・ブーム
1981	昭和56		明石家さんま、「オレたちひょうきん族」に出演(～1989／平成元年)
1985	昭和60	阪神タイガース・日本シリーズ優勝	
1986	昭和61	バブル景気(～1991／平成3)	心斎橋2丁目劇場(～1999／平成11) 笑福亭仁鶴、「バラエティー生活笑百科」の司会に就任(～2017／平成29)
1987	昭和62		なんばグランド花月(NGK)開業
1994	平成6	関西国際空港開港	
1995	平成7	阪神淡路大震災	「鶴瓶の家族に乾杯」開始
1996	平成8		三代目桂米朝、重要無形文化財保持者(人間国宝)に認定
2001	平成13	ユニバーサル・スタジオ・ジャパン開園	「M-1グランプリ」開始(第1次、～2010年／平成22)
2006	平成18		天満天神繁昌亭開場
2015	平成27		「M-1グランプリ」再開
2019	令和元	新型コロナウイルス禍(～2023／令和5)	
2025	令和7	2025年日本国際博覧会(大阪・関西万博)	

表4-2　大阪文化史年表 昭和～令和

て河内潟となり、弥生時代にはさらに土砂の流入が進んで河内湖となった。近辺はしばしば洪水を起こす土地柄で、人口密集地となりにくかった（「大阪湾の歴史」『大阪湾環境データベース』）。

古代の上町台地の西側はすぐ大阪湾が迫っていた。そのほとりは難波津《なにわづ》と呼ばれ、海上交通の要所となっていた。『古今和歌集』の仮名序に引かれる古歌「難波津に咲くやこの花冬ごもり今を春辺と咲くやこの花」はこの難波津を読んだ歌であり、「この花」とは当時中国から輸入された梅の花を指し示すとされる。

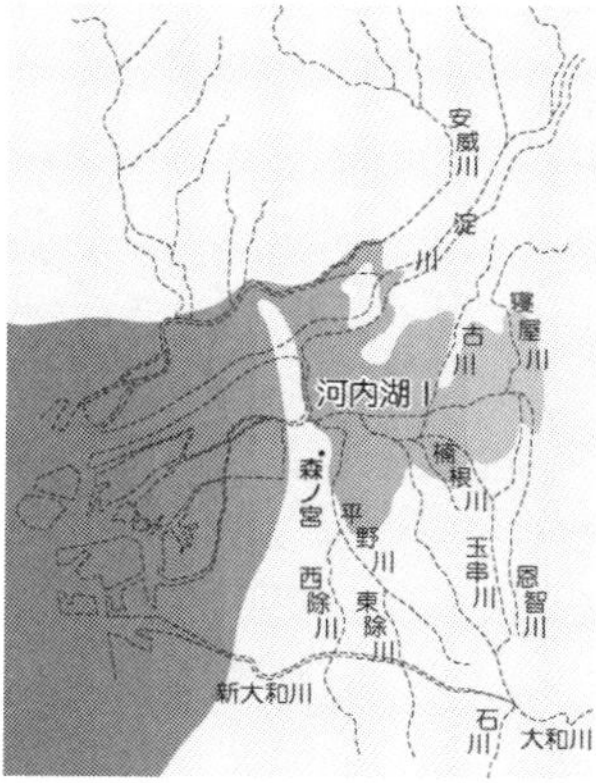

図4-1　約1800～1600年前の古代大阪（出典：水都大阪コンソーシアム）

中国や朝鮮半島との交易にも重要な港であり、難波宮（六四五～七九三年）が置かれた。日本の政治史上の大事件「大化の改新」が行われたのはこの難波宮である。

しかし、政治の中心が京都に移ると、この地域の重要性が薄れていったため、歴史の表舞台からは一旦見えなくなっていく。

都市研究会編『地図と地形で楽しむ　大阪

淀川歴史散歩』では、難波から神戸や堺へと一級の国際港が変遷したのは、難波の港に問題が大きかったためだろうとし、難波は氾濫・洪水等トラブルが絶えない上に、「大阪港は堆積した土砂のために水深が浅く、大型船が入れないという欠点を抱えていた」としている。

大阪の誕生

上町台地の南に位置する堺は中世には貿易で栄え、北には石山本願寺が寺内都市を形成していた。石山本願寺は織田信長によって滅ぼされ、その跡地には豊臣秀吉が大阪城を築城した。

その頃、上町台地の西側は湿地が広がっており、人口も少なかったと考えられるが、豊臣秀吉はこの地域を整備して商人を住まわせ、一大商業都市を造った。これが今日のいわゆる、「船場・島之内《しまのうち》」地区に当たる。また一方で、点在していた寺院（主に浄土宗）を上町台地沿いの寺町に集めた。これが大坂（大阪）の出発点である。

一七世紀に入って豊臣家が滅亡した後も、徳川幕府は大坂を天領（直轄地）とし、商業・産業の育成および海上輸送の拠点として保護した。世界で初めての先物取引を行った米会

図4-2　歌川広重の「堂島米市の図」（出典：大阪府立図書館おおさかeコレクション）

所も大坂の堂島《どうじま》に生まれた。一八世紀初頭の元禄景気はこの大坂から広まったのである。

安土桃山時代以降、大坂（大阪）は文化や言語等あらゆる面で京都の影響を強く受けていたであろうが、やがて人口が密集し、産業が栄えた結果、独自の言葉が発達していったと考えられる。

京都の文化が概して守旧的であり、人間関係に敏感で、距離を保つ表現形式が発達したのに対し、大坂は積極的に人と関わり、商機を広げていこうとする気概に満ちた土地柄として、前章で述べたように京都と好一対を形成したのである。

大阪弁の基盤ができる――元禄期の大阪の文芸より

一八世紀には、元禄景気も手伝って、上方に大いに学問や文芸・芸能が発達した。文芸・芸能の例としては、井原西鶴の「好色一代男《こうしょくいちだいおとこ》」「世間胸算用《せけんむねさんよう》」等の浮世草子や、近松門左衛門の「曽根崎心中《そねざきしんじゅう》」「心中天網島《しんじゅうてんのあみじま》」等の人形浄瑠璃（現在の「文楽」）が大阪の言葉を活用して作られている。それは当時の大阪弁ではあるが、今日の大阪弁とはかなり異なった点もある。この頃の関西弁を「上方ことば」と言っておこう。

例えば、指定の助動詞は「や」ではなく「じゃ」を用いていた。この点ではむしろ、こんにちの中国・四国地方の方言に近い。人形浄瑠璃「夏祭浪花鑑《なつまつりなにわかがみ》」（一七四五年初演）から引用しておく。

団七「ヤアおれを呼んだは誰、どっからじゃい」
三婦「イヤどっからでもない、ここからじゃ」
と言いつつ出ずる白髪おやじ
団七「オオこなたは三婦《さぶ》殿、テモマ珍しい。息災でござったか」
三婦「オオテヤ、了見強いおまえが今度の事、よくよくの事であろう。江戸を知らぬ者と牢へ入らぬ者とは男の中の男じゃないと言う。今朝からかか衆も坊主めも連れ立って迎いに来ていたが明神様へお礼詣り、そのまま昆布屋に待たしてある。それに磯之丞殿にも今逢うたゆえ、一緒にそこへやっておいた」

（『文楽床本集』、表記は変えてある）

音声の面で言うと、現在の文楽の語りを参考にすれば、関西アクセントはすでにこの頃、ほぼ固まっていたようであり、その意味でも上方ことばは現在の大阪弁の基層を作っていると言える。また、人形浄瑠璃や上方歌舞伎は日本全国で大変流行り、出店興行や素人による上演も数多く行われたので、上方ことばは全国で耳にされることばでもあったと言える。

「標準語」の時代

一八世紀後半に入ると、江戸の経済が発達し、人口も増加して、ロンドン、パリを凌《しの》ぐ世界最大の都市となった一方で、上方の経済・文化は停滞気味となった。明治維新が起こると、新政府の経済政策によって関西は打撃を受ける。何事も、新首都・東京を中心として日本の政治・経済・文化が回っていく時代が始まったのである。

ことばの面では、日本国民のすべてが教育・行政・産業・軍事等の近代的な営みの中で共同して用いる「標準語」や「言文一致」（書き言葉と話し言葉の統一）の必要性が叫ばれた。標準語の候補としては、「～でござる」のような格式張った〈武家ことば〉、「～じゃ」のような〈上方ことば〉も含まれていたのであるが、次第に東京の話しことばがその候補として考えられるようになった。一八九五（明治二八）年に東京帝国大学教授の上田万年《かずとし》が雑誌『帝国文学』創刊号に書いた「標準語に就きて」という論文では、標準語の候補として東京語が第一候補となるべきではあるが、東京の「ベランメー」言葉のような下町の話しことばではなく、教育ある東京人の話すことばを洗練させたものであるべきと述べている（金水敏『ヴァーチャル日本語 役割語の謎』）。

日本語の標準語の確立は、ほぼ上田が考えたような方向で進み、同時に関西の言葉は基本的に「方言」と捉えられるようになった。そのため、関西弁・大阪弁も、絶えず標準語化の波に洗われ、消滅の可能性すらあったし、いまもその可能性は消えていない。

にもかかわらず、大阪弁・関西弁の影響力が未だに失われていないように見えるのはなぜなのだろうか。本章のまとめで、この問いに答えてみたい。

コテコテ大阪弁の完成──大大阪の時代

一旦は東京遷都の風下に置かれた大阪であったが、やがて砲兵工廠《こうしょう》や造幣局が置かれ、五代友厚《ごだいともあつ》が株式取引所、商法会議所（現在の商工会議所）を開き、大阪紡績が操業を開始するなどして、その産業・経済は大いに発展した。

二度の市域拡張によって人口も増加、一時は大阪市の人口が東京都を超える三二〇万人超に達したことがあった（大阪市公式ホームページによると、二〇二四年一二月時点での大阪市の推計人口は約二八〇万人である）。この時代を「大大阪《だいおおさか》時代」と呼び、大阪の歴史上最大の発展を遂げたのである。

その発展の陰には、一九二三（大正一二）年に発生した関東大震災の影響も大きかった。産業の拠点として関西がクローズアップされ、多くの文化人が関西に避難あるいは移住した。後に『卍《まんじ》』『細雪《ささめゆき》』等、関西を舞台にした小説を書いた谷崎潤一郎もその一人である。

ことばの面で、当時の大阪弁を知る資料はあまり多くないが、人形浄瑠璃の台詞にあるような上方ことばから徐々に変化を遂げ、さまざまに大阪らしい性質をまとっていったらしいことがうかがわれる。大阪の商業の中心地は船場・島之内地区であり、ここで発達した「船場ことば」が大阪弁のお手本として威信を持つようになった。また、庶民のことば

図4-3　大大阪時代の船場周辺（出典：『大阪市大観』大阪市立図書館デジタルアーカイブ）

は当時の芸能や文芸から知ることができる。
例えば上方落語の爆笑王、初代桂春團治《はるだんじ》やしゃべくり漫才のパイオニア、横山エンタツ・花菱《はなびし》アチャコのコンビが人気を得たのもこのころである。エンタツ・アチャコの当たり芸である「早慶戦」（一九三〇年代）から例を挙げておこう。

エンタツ「君、野球は、何といっても早慶戦ですな」
アチャコ「早慶戦を見ずして、野球を語るなかれ」
エンタツ「そう、絶対のもんですなア」
アチャコ「えらいもんですなア」
エンタツ「あの広い神宮球場、あれが一杯になるんですからな」
アチャコ「あらゆる階級の人によって網羅されています」
エンタツ「実に大したもんですね」
アチャコ「天下の早慶戦！」
エンタツ「あれ、相手はどこでしたかいな？」
アチャコ「えっ、相手!?」
エンタツ「はあ、早慶対どこそことか」
アチャコ「対、対!?」
エンタツ「タイですわ」
アチャコ「鯛も平目もおこぜも、何にもあれへんやないか――」

（秋田実『大阪笑話史』）

エンタツ・アチャコの大阪弁は、東京で学んだ秋田実《みのる》が脚本を書いたものであり、全国の視聴者に分かりやすいように、大阪弁の要素はかなり薄められている。
しかしこの時代の大衆芸能で用いられた大阪ことばこそが、「おまっせ」「～だっせ」「～

でんがな」「〜まんがな」といった、後に「コテコテ大阪弁」と言われる、いかにも大阪らしい表現の元型であった（コラム4参照）。ここでは、織田作之助の小説「夫婦善哉」（一九四〇年）から、登場人物たちの会話を引いておこう。

蝶子は呉服屋へ駆け込んで、柳吉と自分と二人分の紋附《もんつき》を大急ぎで拵《こしら》えるように頼んだ。吉報を待っていたが、なかなか来なかった。柳吉は顔も見せなかった。二日経ち、紋附も出来上った。四日目の夕方呼出しの電話が掛った。話がついた、すぐ来いの電話だと顔を紅潮させ、「もし、もし、私維康《これやす》です」と言うと、柳吉の声で「ああ、お、お、お、おばはんか、親爺《おやじ》は今死んだぜ」「ああ、もし、もし」蝶子の声は癇《かん》高く震えた。「そんなら、私はすぐそっちイ行きまっさ、紋附も二人分出来てまんねん」足元がぐらぐらしながらも、それだけははっきり言った。が、柳吉の声は、「お前は来ん方がええ。来たら都合悪い。よ、よ、よ、養子が……」あと聞かなかった。葬式にも出たらいかんて、そんな話があるもんかと頭の中を火が走った。病院の廊下で柳吉の妹が言った言葉は嘘だったのか、それとも柳吉が頑固な養子にまるめ込まれたのか、それを考える余裕もなかった。紋附のことが頭にこびりついた。店へ帰り二階へ閉じ籠った。やがて、戸を閉め切って、ガスのゴム管を引っぱり上げた。「マダム、今夜はスキ焼でっか」階下から女給が声かけた。栓をひねった。

（織田作之助「夫婦善哉」）

このように、大大阪時代は大阪の経済や大衆文化が花開いた時期であったが、一方で過剰な人口集中のため大阪市内の環境が悪化し、一部でスラム化が進んだ。

『大阪時事新報』に見る明治後期の衛生環境」という論文では、明治二〇年代から三〇年代に進んだ工業化の住環境への影響が検証されている。すなわち煤煙《ばいえん》による大気汚染、河川の汚濁、伝染病の流行等である。同論文には、「屋根が低く光が入らない湿った造りの家屋には、鼠《ねずみ》が大量に繁殖し、ペストが大流行した」、「職工宿舎や貧民の住居では、1つの蒲団に2人以上で寝ることもめずらしくなかった。（中略）赤痢《せきり》やペストで死者が出ても、治療を受けさせず、隠蔽しようとした工場主もいた」と書かれている。

一方、市街地整備や、商家の企業化に伴い職住の分離が進んで、富裕層は大阪の中心地を離れ、南部の帝塚山・浜寺地域や、北摂、また阪神間に住居を移すようになった。太平洋戦争の激化によって大阪も大空襲を経験し、大阪の中心街が焦土と化したことで、船場

図4-4　空襲後の心斎橋周辺（出典：ピースおおさか）

の言語文化の弱体化も甚だしかった。

お笑い文化の継承・発展と大阪弁の拡散

戦後、産業・経済の復興は進んだが、東京一極集中の傾向は止められず、一九七〇年の日本万国博覧会はあったものの、経済のいわゆる「地盤沈下」が止まらないまま今日に至っていると言える。現実の大阪の町も、地盤が軟弱な上に過剰な地下水のくみ上げを行ったため、地盤が沈下して大きな問題が起こっていた。経済の「地盤沈下」はそのような状況にかけた表現であった。

その一方で、「お笑い」「食いだおれ」等に象徴される大衆文化の町としてのイメージが固定化し、お笑いを通じて大阪弁が広く国民に認知されるようになり、全国的な「大阪弁ブーム」も数次起こった。

戦後の復興期には、松竹新喜劇（一九四八年）、吉本新喜劇（一九六二年）といった商業演劇が立ち上がり、また森繁久弥主演で映画「夫婦善哉」（一九五五年）が上映された。しゃべくり漫才の人気者、花菱アチャコが主演を務めたラジオドラマ「お父さんはお人好し」（一九五四年）が放送され、今東光が河内弁を用いて書いた小説『悪名』（一九六一年）は、同年に勝新太郎・田宮二郎出演によって映画化もされた。こういった動きによって、戦前のコテコテ大阪弁や荒っぽい河内弁が戦後に受けつがれたのである。

上方落語の人気者たち

大阪弁を日本全国に広めた立役者として、上方落語の噺家《はなしか》たちの活躍は大変大きいものがあった。

実は上方落語は、一度存亡の危機に立った。初代桂春團治は戦前、爆笑王の呼び声をほしいままにし、二代目桂春團治も才能は初代以上と言われていたが、一九五三年に五八歳で急死した。上方落語界の大御所たちも次々亡くなっていたタイミングであったこともあって、もはや上方落語の将来はないと危ぶむ声が高まった。

この危機に際して力を尽くしたのが、後に「上方落語の四天王」と呼ばれることになる、三代目桂米朝《べいちょう》、六代目笑福亭松鶴《しょかく》、五代目桂文枝《ぶんし》、三代目桂春團治であった。ことに桂米朝は古老から埋もれていたネタを聞き取りして掘り起こし、『米朝落語全集』全七巻（一九八〇〜一九八二年）にまとめるなど、功績があった。その活躍により、桂米朝は一九九六年、重要無形文化財保持者（人間国宝）に認定された。
桂米朝の師匠である桂米團治《よねだんじ》が一九三九年ごろに作った「代書《だいしょ》」の一節を抜き出しておこう。コテコテ大阪弁の特徴が現れていることがわかる。

代書屋「エ――、あんたは世帯主でっしゃろな」
客「えへ、あんた、おだてなはんな」
代「誰がおだてるかいな。いえな、あんたが家の大将、ほたら世帯主や。わからん人が来たな。名前は」
客「田中彦次郎《ひこじろう》ち言いまんね。ちょっと粋な名前」
代「別に粋なことはないけどな。田中彦次郎。この彦次郎の次という字は、次という字ですか治めるという字ですか」
客「そこらはお任せ致します」
代「任したらいかんで、そんなもん。あんたの名前やで。何やわからん人が来たな」
（「代書」『米朝落語全集』第七巻）

さらに大阪弁を全国に広める役目を果たしたのは、四天王の弟子たち以降の噺家であった。ラジオの深夜番組のパーソナリティーとして、桂三枝《さんし》（後の六代文枝）、笑福亭仁鶴《にかく》、笑福亭鶴瓶《つるべ》といった面々が若者に人気を得た。ことに笑福亭鶴光《つるこう》は、ニッポン放送の「オールナイトニッポン」で全国放送のパーソナリティーとなり、「鶴光でおまんねやわ」等、意識的に古い大阪弁、つまりコテコテ大阪弁を駆使して大いに受けた。

テレビでは、「ヤングおー！おー！」（桂三枝→文枝、笑福亭仁鶴、月亭八方、桂文珍等出演）が大きな役割を果たしたが、その後も「新婚さんいらっしゃい！」（桂三枝→文枝）、「バラエティー生活笑百科」（笑福亭仁鶴）、「鶴瓶の家族に乾杯」（笑福亭鶴瓶）のような全国放送のテレビ番組にもこれらの噺家が出演し、大阪弁を大いに全国に届けた。

明石家さんまの活躍も見逃せない。彼の師匠は五代目松鶴の弟子の笑福亭松之助であったが、さんまは落語家にはならず、ラジオの物真似芸人、ラジオのパーソナリティー、コメディアン、テレビ番組の司会者、テレビドラマの俳優等、八面六臂《はちめんろっぴ》の活躍をし、女優の大竹しのぶと結婚（後に離婚）するなど、大スターとなった。

漫才の隆盛と全国化

上方漫才もまた、全国に大きなインパクトを与えた。

そのきっかけとして、一九八〇年の「マンザイ・ブーム」があった。一九八〇年代初頭、さまざまなメディアを漫才が席巻したのである。この時期、島田紳助・松本竜介、横山やすし・西川きよし、今いくよ・くるよ、オール阪神・巨人、ザ・ぼんち、西川のりお・上方よしお、太平サブロー・シローといったコンビが人気を得た。また一九八六年にオープンした心斎橋2丁目劇場からはダウンタウンやハイヒール、トミーズ等の人気者が生まれた（漫才については第六章で詳しく論じる）。

彼ら、気鋭の漫才師のことばには、もはやコテコテ大阪弁の要素は消えて、普通の市民の大阪弁に近いものが使われていた。大阪出身の漫才コンビ、「ミルクボーイ」のネタを見てみよう。もはやコテコテ大阪弁の要素はなく、現代の大阪人のことばになっていることに注意したい。

駒場「うちのオカンがね、好きな朝ごはんがあるらしいんやけど、その名前はちょっと忘れたらしくて」

内海「朝ごはんの名前忘れてもうて、どうなってんねんそれ。でもね、オカンの好きな朝ごはんなんか、岩のりか、めかぶぐらいやろそんなもん」

駒場「それがちゃうらしいねんな」

内海「違うの、えー」

駒場「まあいろいろ聞くんやけど、分かれへんねんね」

内海「えー分かれへんの、そしたらおれがね、オカンの好きな朝ごはん、ちょっと一緒に考えてあげるから、ちょっとどんな特徴ゆうてたか教えてみてよ」

ここで見られる大阪弁の特徴は、「へん」「ねん」「ゆうてた」等、関西全域で今日広く用いられている要素にほぼ限られる。

また「オカン」という表現は、松本修氏の『どんくさいおかんがキレるみたいな。』でも取り上げられているように、もともと大阪の周縁部で用いられていた方言語彙で（真田信治ほか『大阪のことば地図』）、一九七〇年代くらいまでは大阪市内ではむしろ「お母ちゃん」のほうが優位であった。私自身も、小学生の頃は「お母ちゃん」「お父ちゃん」と呼んでいた。

「オカン」が広まり始めたきっかけの一つを、松本氏はダウンタウンのコント・シリーズ「おかんとマー君」と見ている。これはフジテレビで一九九一〜一九九七年に放送していた「ダウンタウンのごっつええ感じ」の中のコーナーである。余談であるが、坂本龍一、テイ・トウワほか一流ミュージシャンとダウンタウンが一九九四年にコラボしたGEISHA GIRLSという音楽ユニットの楽曲「Kick & Loud」でも、ダウンタウンが「おとん、おかん、おねん、おにん」とラップで叫んでいる。

こういったダウンタウンの影響もあってか、「オカン」は全国化し、二〇〇五年のリリー・フランキーの小説『東京タワー——オカンとボクと、時々、オトン』や、二〇〇九年のNHKの朝の連続テレビ小説「つばさ」につながったようである。後者は埼玉県川越《かわごえ》市に住む女子大学生・つばさ（多部未華子）が主人公であるが、彼女は自分のことを「二十歳のオカン」と称していた。このように、「オカン」は大阪弁であるとしても、広く用いられるようになったのは一九九〇年代以降と考えてよい。

語彙から見た大阪弁の変化

文献の上で、現在の大阪弁を特徴付ける語彙的な要素がどれくらい古くから見られるかということを図にして表したのが図4－5である。『日本国語大辞典』第二版の用例を参考にした。「?」は資料の不足のため、この時期かどうか確定しにくいことを表す。また出現期間のグラデーションは、特定の表現の発生または衰退は社会の中で徐々に進行していくことのイメージを表現したもので、統計的に厳密な表示ではない。

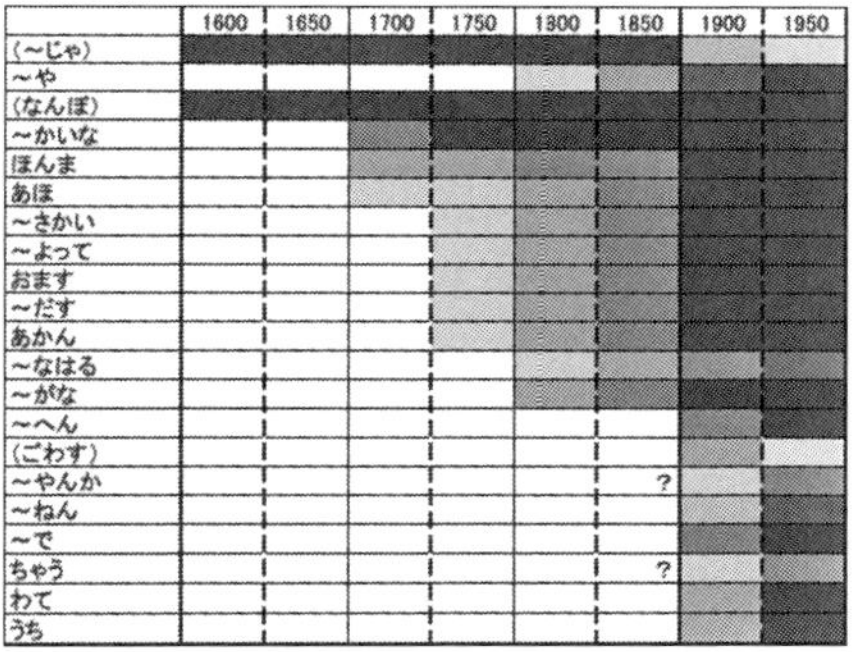

図4-5　大阪弁の主な語彙項目の出現時期（出典：金水敏「役割語と関西弁」）

このグラフを見て分かるように、大阪弁らしい表現というものは急に一斉に現れたと言うより、徐々に登場してその特徴を明らかにしていったのである。「じゃ」から「や」への変化や、打ち消しの「～へん」、接続助詞の「で」等は、二〇世紀半ば以降に確立したものである。この章の冒頭に引いた「桃太郎侍」の熊造の台詞には、「そやけど」、「～へん」といった要素が用いられていたが、江戸時代にはあり得なかった表現である。

なお、このグラフでは、各要素が大阪から消えていった時期までは分からない。大正末から昭和初期に完成した古いタイプの大阪弁＝コテコテ大阪弁は、戦後にまで持ち越されたが、その後やがて市民の会話からは消えていって、今日の新しい大阪弁へと切り替わっていった。船場ことばも、もはや消滅危機にあると言ってもよい。

この章のまとめ

この章では、こんなことを述べた。

大阪（大坂）の都市としての基盤ができたのは一六世紀末であり、一七世紀には商都としての発達を見て、一八世紀には独自の文芸・芸能が発達した。しかしこの時代の大阪のことば＝上方ことばは、後の大阪弁・関西弁の基盤を作ったが、「や」ではなく「じゃ」を用いるなど、今日のものとは異なった特徴もあった。

一方、明治中期以降、東京のことばを基盤として標準語制定および言文一致運動が進行していった。地方の言葉は「方言」として扱われ、衰弱していく一方かと見られたが、大阪弁・関西弁はこの流れにあらがって生き延びた。

大阪では、大正時代末から昭和初期にかけて市域が広がり、産業も発達して「大大阪時代」が到来した。この時代に、船場ことばや、今日でいう「コテコテ大阪弁」が完成したとみられる。戦後、コテコテ大阪弁は芸能の世界に受けつがれ、落語家たちの活躍もあって全国的に大いに受けた。

その後、戦災の影響や経済の変動、標準語化の影響等もあって、船場ことばやコテコテ大阪弁的な要素は薄まっていった。にもかかわらず、大阪弁・関西弁のコアな部分は衰退しなかった。一九八〇年頃から、漫才など芸能の世界では若手が次々と育って、新しい市民の大阪弁を芸能に取り入れていった。

全国的な方言の標準語化が進む中、形を変えながらも大阪弁・関西弁が今日まで生き永《なが》らえたのは、大阪を中心とする関西の人々のパワーが東京への対抗軸として機能しつづけたからであり、関西の芸能の発展はその一つの表れである。本書の後半では、関西人のコミュニケーションからこの問題に迫りたい。

その前に次章では、マンガ・アニメ等のポピュラーカルチャー作品に登場する大阪弁・関西弁キャラクターの特徴や変遷について見ていくことにより、大阪弁・関西弁が日本人にどのように捉えられていたかということを考えよう。

コラム4

アホちゃいまんねん、パーでんねん――コテコテ大阪弁の敬語たち

本書にたびたび登場する「コテコテ大阪弁」であるが、その特徴についてまとめておきたい。歴史的には、本章で述べたように、大正末から昭和初期（二〇世紀初頭）にほぼ完成し、戦後に受けつがれたが、現実の話者の間ではしだいに用いられなくなって今日にいたっている。私自身、ふざけて使う以外は使用したことがないし、大学で教えているときに学生が使うのも聞いたことがない。

さてその文法的特徴は、「わい」「わて」「わし」「あんさん」「おまはん」等の人称代名詞のほかは、敬語（丁寧語・尊敬語等）の形によく現れる。

・マス・デス・ダス系（丁寧形）

ちゃいまんがな　　そうでんがな　　そうだんがな

ちゃいまんねん　　そうでんねん　　そうだんねん

ちゃいまっせ　　そうでっせ　　そうだっせ
ちゃいまっか　　そうでっか　　そうだっか
ちゃいまっしゃろ　　そうでっしゃろ　　そうだっしゃろ

・ヤス系（尊敬＋丁寧形）
ごめんやす　　ごめんやっしゃ
おいでやす　　おいでやっしゃ
おこしやす　　おこしやっしゃ

・ナハル系
ようきなはった
やめなはれ
やめなはらんかい

・オマス系
おます　　おまっか　　おまっせ　　おまんねん

このように、大阪弁では敬語のヴァリエーションが大変発達したが、これは大阪が商売の町として独自の言語表現を発達させたことと関連が深い。同じ大阪でも、泉州弁ではほとんど敬語が発達しなかったことと考え合わせるとよい。

これらの表現は現在どうなったかというと、「ちゃいまんねん→ちゃうんです」「そうだっか→そうですか」「ごめんやす→ごめんください」「やめなはれ→やめなさい」等のように、標準語形に置き換えられた。固有の敬語として生き残っているのは、「なはる」から変化したと言われるハル敬語くらいである。

なぜこれらの表現が失われたかというと、敬語というのはよそから来た人とのコミュニケーションに用いられるので、どうしても標準語形にひっぱられやすいという性質があるのである。

しかしながら、これらの表現はマスメディアを通じて全国に広まったので、関西の外の人から見ると典型的な大阪弁（関西弁）の表現として未だに認識されている。そのことを利用して、明石家さんまや笑福亭鶴光、笑福亭鶴瓶のような全国区で活躍するタレントは、わざとコテコテ大阪弁的な表現を現代でも用いて受けを取っている。一九八〇年代にテレビで一世を風靡《ふうび》した「オレたちひょうきん族」で、明石家さんまは「パーデンネン」というキャラクターに扮し、「アホちゃいまんねん、パーでんねん」

というフレーズで大当たりした。

なお、京都では「おす」「どす」という敬語表現があり、「京風はんなりどっせ」などと言ったりするが、これも舞妓さんや土産物屋さんが使うくらいで、若い人々の間では死語となっている（第三章では「どすえ京都弁」と呼んでいる）。滅びた理由は大阪弁と同じで、標準語形に駆逐されたのである。

第五章

大阪人は本当にけちか

——ステレオタイプの成立と変容

『海辺のカフカ』より

村上春樹の小説『海辺のカフカ』（二〇〇二年）で次のようなシーンがある。香川県郊外にある「甲村記念図書館」という小さな私設図書館の館内ツアーに、大阪からやってきた中年の夫婦が参加していた。館長の佐伯さんが、かつて館を訪れた種田山頭《さんとう》火《か》の句や書を、当時の当主が彼を「ただのほらふきの乞食坊主」と思ってほとんど捨ててしまったことを話したとき、夫婦は次のような反応をした。

「そら、もったいないことしましたな」と大阪から来た奥さんが本当に惜しそうに言った。「山頭火、今やったらもうえらいお値打ちですのにねえ」

「おっしゃるとおりですね。でも当時の山頭火はまったく無名の存在でしたから、やむを得ないことかもしれません。あとになってみないとわからないこともたくさんあります」と佐伯さんはにこやかに言った。

「ほんまに、ほんまに」と夫は相づちを打った。

（村上春樹『海辺のカフカ』上巻）

この作品は偶数章と奇数章で内容が分かれていて、奇数章は多くの部分が舞台を香川県としている。しかし、香川県在住の登場人物たちは方言を一切使わない。ところがこの部分では、わざわざ大阪からやってきたという中年夫婦を登場させ、大阪方言らしいことばを使わせている。

なぜ「大阪」なのだろうか。東京や、京都や広島ではいけないのか。それは、二人が、何についてどのように反応しているかということと関係がありそうだ。将来、価値が出ることを予想せず、種田山頭火の句や書が廃棄されてしまったことに対して、芸術作品が失われたということではなく、「えらいお値打ち」の作品が捨てられて「もったいないことした」と妻は惜しがっているのである。夫も「ほんまに、ほんまに」と同調している。

つまり芸術的作品を金銭的な価値の観点から評価している人たちが「大阪からやってきた中年の夫婦」であるということを示し、読者に「ああ、やっぱり大阪の人だからお金の話が好きなんだな」という共感を誘っているのである。

ちなみにこの小説の英訳版では、この台詞が特に大阪弁であるということは示さず、また特別な翻訳もしていない。それはそうだろう。英語圏の読者には、大阪人のステレオタイプが共有されていることを期待することはできないので、特別な翻訳をしても変に目立つだけであり、逆効果になると思われる。

村上春樹作品と関西弁

村上春樹は、一九四九年京都市生まれ、阪神間の西宮、芦屋で育ち、神戸高校に通った生粋《きっすい》の関西人である。

しかし、彼の小説作品には関西方言はあまり目立たない。関西出身の作家には、関西弁を積極的に作品に使い、それをいわば「売り」にしているケースが少なからず見られる。織田作之助、山崎豊子、今東光、野坂昭如《あきゆき》、田辺聖子等、いくらでも思い浮かべられるが、村上春樹はその類型には当てはまらないだろう。

それどころか、彼の処女小説「風の歌を聴け」は、その舞台が芦屋（阪神間の都市）であるにもかかわらず（作品では「街」とだけ書かれているが）、登場人物は主人公の「僕」以下、一切関西弁を話さず、むしろ翻訳小説のような話し方をしているのである。私は、この作品の舞台のモデルが芦屋であったことをつい最近知って、ひどく驚いた。後年、「アイロンのある風景」「イエスタデイ」等、関西弁を積極的に用いた印象深い作品も書いてはいるが、村上春樹は「関西人作家」という売り方をしているとは言えない。

このことについて、村上自身も次のように書いている。

関西弁に話を戻すと、僕はどうも関西では小説が書きづらいような気がする。これは関西にいるとどうしても関西弁でものを考えてしまうからである。関西弁には関西弁独自の思考システムというものがあって、そのシステムの中にはまりこんでしまうと、東京で書く文章とはどうも文章の質やリズムや発想が変わってしまい、ひいては僕の書く小説のスタイルまでががらりと変わってしまうのである。僕が関西にずっと住んで小説を書いていたら、今とはかなり違ったかんじの小説を書いていたような気がする。その方が良かったんじゃないかと言われるとつらいですけど。

（村上春樹「関西弁について」）

ではなぜ、『海辺のカフカ』では大阪人の夫婦を登場させて、大阪人のステレオタイプ的な台詞を話させたのかということについては、今ひとつよく分からないところがある。また、右の引用における「関西弁独自の思考システム」というのがどういうことをさすのか、すぐには分からないのだが、とりあえず一旦村上春樹を離れて、関西弁を話す登場人物が受け手にどのような印象を与えるか、あるいは作り手はどのような意図で関西弁キャラを登場させるかということについて、実例に則して考えていく。なお、後に再び村上春樹と関西弁について考えてみたい。

「役割語」から見た関西弁キャラ

私はかつて『ヴァーチャル日本語 役割語の謎』を著し、その後も「役割語」に関連する著作を公刊してきた。

役割語とは、主にフィクションの中で、話者のキャラクター（属性）に応じてある程度決まってくる話し方のスタイルのことである。たとえば、「そうじゃ、わしが知っておるんじゃ」と言えば老人、「そうですわよ、わたくしが存じておりますわよ」と言えばお嬢様、といった具合である。そして、方言的な表現も時に役割語となる。大阪弁・関西弁キャラがその典型である。

『ヴァーチャル日本語 役割語の謎』では、関西弁キャラが往々にして持つ性質を次のように整理した。

1　冗談好き、笑わせ好き、おしゃべり好き
2　けち、守銭奴、拝金主義者
3　食通、食いしん坊
4　派手好き
5　好色、下品
6　ど根性（逆境に強く、エネルギッシュにそれを乗り越えていく）
7　やくざ、暴力団、恐い

これらの性質は、一度に生じたものではなく、歴史的に波状的に形成されたと旧著では考えている。すなわち、1～4までは江戸時代の上方文化（特に大坂＝大阪の文化）に由来するもので、江戸の人たちから見た場合、商都大阪からやって来る人々は話し好きで、商売上手であり、食べ物や服飾等の現世的な快楽を素直に肯定する傾向が強かったところから生じたステレオタイプであったであろう。

これに対し、5の性質は、井原西鶴の「好色もの」など、江戸時代に萌芽はあったが、今日に繋がる作品としては今東光や野坂昭如の作品が強い影響を与えたかもしれない。

また6に関しては、例えば織田作之助「夫婦善哉」の主人公・柳吉は、ど根性とは対極の人物であり、大阪人のステレオタイプとは言えない。おそらくは、花登筐《はなとこばこ》の「根性もの」が強い影響を与えたものだが、花登筐はむしろ近江商人の気質を念頭に作品を書いていたようである。

最後の7は、江戸時代には上方者は柔弱と捉えられており、むしろけんかっ早い江戸っ子の対極と思われていたフシがある。しかし人形浄瑠璃「夏祭浪花鑑」などは、大阪の侠《きょう》客《かく》の暴力を描いており、後のやくざ・暴力団ものを先取りしていたとも見える。しかし本格的には、今東光の『悪名』シリーズ、また一九七五年頃以降の暴力団映画や、『嗚呼!! 花の応援団』『じゃりン子チエ』等のマンガ作品がそのようなイメージを強化したものと思われる。

地域用法とキャラ用法

すでに述べたとおり、田中ゆかり氏による『「方言コスプレ」の時代』では、フィクションに用いられる方言を「ヴァーチャル方言」と規定し、その用法を大きく「地域用法」と「キャラ用法」に分けた。

前者の「地域用法」は、例えば物語の舞台となる地域が○○市であるとすると、○○市の方言を登場人物に使わせることで、その地域性を受け手に印象づけるということを目的にした用法である。

これに対し後者の「キャラ用法」は、方言の役割語的な用法であり、物語の場所に関係なく、その方言が持つステレオタイプなキャラクター性を利用して、その人物の特徴を印象づける目的で用いられるものである。典型的な関西弁キャラとは、つまりヴァーチャル方言としての関西弁のキャラ用法を利用したキャラクターであると考えることができる。

ここで、関西外を舞台にした作品に登場する典型的な関西弁キャラを、昭和時代の作品からいくつか挙げておこう。これらはいわば、関西弁キャラの〝古典的〟な例であると言える。

パーやん──『パーマン』

『パーマン』は、一九六六年から藤子不二雄名義で、また一九八七年からは藤子・F・不二雄名義で小学館の『週刊少年サンデー』や『月刊コロコロコミック』、また学年誌等に連載されたギャグマンガである。また、一九六七年から一九六八年に、TBS系列でテレビ

図5-1　パーやん『パーマン』①

アニメが放送された。このマンガに、有名な関西弁キャラが登場する。

主人公の須羽《すわ》ミツ夫は何かにつけてぱっとしない小学生だが、宇宙人からもらったパーマンセットを身につけると怪力や飛行能力など、超能力を発揮できるようになり、その力で世の中の正義や平和を守るように宇宙人に託される。ただしその秘密を家族や友達にばらすと、動物に変えられてしまうのである（新版の設定による）。

作品が回を重ねるうちに、仲間が増えていって、パーマン二号、三号、四号と呼ばれるが、二号の正体はブービーというチンパンジーの子どもであり、三号は「パー子」とも呼ばれ、正体は少女アイドル歌手の星野スミレである。そして四号が「パーやん」と呼ばれる関西弁キャラである。

パーやんの正体は大阪の金福寺という古刹《こさつ》の優秀な小坊主で、台詞はすべて関西弁風である。小太りで大食いキャラであり、パーマンの超能力を使って運送業など副業にもいそしみ、「正義だけではもうからんよってな、アハハハ」とうそぶいて、パー子に「いやあねえ」と言われたりするのだが、単なる守銭奴ではなく、現実を的確に受け入れ、洞察力に富んだ大人っぽい行動をするしっかり者として描かれている点が興味深い。

パーマン「パーマンのつとめをなんと思ってるのだ。その力は正義を守るためのものだぞ！」
パーやん「正義はちゃんと守ってるがな。その合間にちょっとアルバイトしとるだけや。／正義だけではもうからんよってな、アハハハ。」
パー子「いやあねえ。」

（藤子・F・不二雄『パーマン』①）

マンモス西――『あしたのジョー』

『パーマン』とほぼ同時代、一世を風靡したスポーツマンガにも関西弁キャラが登場した。『あしたのジョー』のマンモス西である。

図5-2　マンモス西『あしたのジョー』①　©高森朝雄・ちばてつや／講談社

マンモス西は、高森朝雄原作・ちばてつや画の『あしたのジョー』の登場人物である。『あしたのジョー』は、一九六七年から一九七三年まで『週刊少年マガジン』に連載されたボクシング・マンガで、不良少年であった主人公・矢吹丈（ジョー）がボクシング・ジムのトレーナー、丹下段平に見いだされ、やがて人並み外れた才能によってボクシング界を駆け上がっていく姿を描いた作品である。後にアニメ化もされた。ちなみに原作者の高森朝雄は梶原一騎《いっき》の名前で同時代の野球マンガ『巨人の星』に原作を提供しており、『巨人の星』『あしたのジョー』はいわゆる「スポ根マンガ」の一大潮流を作ったのである。

マンモス西は、ジョーと少年院で出会い、最初はリンチでジョーを痛めつける敵役であったが、やがてジョーの仲間となり、その活躍を支える役割を担っていくバディ的人物である。最初は強面の不良であったが、後に更生して真面目な青年となり、商売でも成功する。

大食いの大男であり、経済活動で才能を発揮するといった点は、「パーやん」とも共通するキャラクターであると言える。

マンモス西「ふ・・・・新参やな／かわいい顔をしとるやないか／まあ例によって例のごとくや・・・・／たっぷりかわいがってやりい」

（高森朝雄・ちばてつや『あしたのジョー』①）

西一――『いなかっぺ大将』

「パーやん」「マンモス西」はいずれも強い個性を持った関西弁キャラであったが、次に示す西一《にしはじめ》も忘れ難い印象を残すキャラである。

『いなかっぺ大将』は川崎のぼるによるギャグマンガで、一九六七年から一九七二年に、小学館の学年誌に掲載された。青森から上京してきた主人公の風大左衛門《かぜだいざえもん》（通称「大ちゃん」）が一流の柔道家をめざしてニャンコ先生とともに奮闘する物語である。

西一は大阪出身で途中から転校してきたという設定で、大左衛門にしょっちゅうイタズラや嫌がらせをしかける、嫌みな子どもである。やせっぽちでメガネをかけており、妹も母もそっくりな容姿をしている。主人公の大左衛門が青森方言の話者で、よく失敗はする

図5-3　西一『いなかっぺ大将』①

が天真爛漫で明るいキャラクターとして描かれているのに対し、関西弁を話す西一が陰険なキャラクターとして描かれている点が興味深い。

なお、作者の川崎のぼるは一九四一年生まれの大阪市出身である。西一のセリフは、一九六〇～七〇年代の小学生の台詞としてはあまりに古くさいコテコテ大阪弁であるが、細かい点でかなり正確な表現となっている。

西一「このさい本人のためにもはっきりいうてやったほうがよろしゅおますのんとちがいまっか！」
大左衛門「むふっ？　西一！」
西一「大左ヱ門　おまえはな　かわいそうに落第したんや／そやさかいわてらといっしょに五年にあがることはできんのや／わかる？　落第やで！」

（川崎のぼる『いなかっぺ大将』①）

なお、『あしたのジョー』のマンモス西も、『いなかっぺ大将』の西一も同じ「西」という苗字であるが、これはもちろん「関西」の「西」であり、舞台となる東京の人々にとって異人である「西」の人間、ということを象徴していると考えられる。

シャイロック――『ヴェニスの商人』

シャイロックは、言うまでもなく、シェイクスピアの戯曲『ヴェニスの商人』に登場するユダヤ人の高利貸しである。英文学者・評論家・翻訳家の中野好夫氏は、シャイロックの台詞を関西弁で翻訳することを提案している。

へえ、旦さん、アントーニオの旦さん、あんさんはな、わてが金ェ貸して、利息ゥとるいうて、ずいぶんわてのこと、わやくそにいやはりましたもんやで。ほいでも、わてァ、じいっと辛抱して黙っとりましてん。罰当りっともいわはりましたで。人殺しやともいわはりましたで。あんた、憶えてはりまっか、このわての着物にな、唾ァ吐っかけたことかてありましたんやで。へん、しょうむない、わてのもの、わてが勝手に使うのん、なにが気にくわんいうんやね。それがどや、今日はわてんとこへきて、

金貸してくれェ言わはんのやろ。阿呆かいな、ほんまに……（後略）
（中野好夫『シェイクスピアの面白さ』）

中野氏は「これはもちろん冗談である」とした上で、「人種的偏見の下に長い間、ひどい蔑視と迫害を忍従してきたユダヤ人シャイロックが、一挙にその鬱屈《うっくつ》、内向していた憎悪を、しかも威勢よいというよりは、むしろネチネチと悪がらみするように吐露していくこの件《くだ》り、筆者にはどうも東京弁の標準語でいくよりも、あの関西弁の上方人金貸しという映像でひそかに描いてみる方が、はるかにぴったりくるような気がするのである」と述べている。

これはやはり、先にあげた関西弁キャラのステレオタイプの「2　けち、守銭奴、拝金主義者」と関連した発想であると言える。また、ヴェニスにおけるユダヤ人の異人性を、東京における関西人の異人性と重ねた発想でもあろう。

なお中野氏は一九〇三年生まれの愛媛県松山市出身で、旧制第三高等学校（京都）卒業後、東京帝国大学で学んでいる。松山氏の方言はアクセントが京阪型に近く、また京都の旧制高校で学んだことからも、関西弁には親しみをもっていたと見られる。

なお、劇作家の鄭義信《チョンウィシン》（一九五七年生まれ、姫路市出身）は戯曲『歌うシャイロック』（二〇一四年初演）でシャイロックを物語の中心に据えて『ヴェニスの商人』に対する独自の解釈を示している。この作品では、シャイロックも含め、出演者全員が関西弁で話している。中野好夫氏の発想を踏まえて構想された可能性がある。

〝古典的〟な関西弁キャラの特徴

以上に見たように、古典的な関西弁・大阪弁キャラクターは、ねちねちした敵役とか大食いキャラとか、癖の強いバイプレーヤーが目立つのである。また見た目の点でも、小太りであったり、やせっぽちのメガネ・キャラであったりと、癖のある風貌で、異物感が甚だしく、またそれゆえに女性にはもてそうにない。現にパーやんはパー子に「いやあねえ」と言われているし、西一も、大左衛門へのきつい言葉に対してクラスの女子に「なにもそんなひどいいいかたをしなくてもいいでしょう」と叱られている（マンモス西は後に好人物となっていく点が例外的とも言える）。

ちなみに、ここに挙げたキャラクターが生まれたのは、一九六六年から一九六七年に集中している。東海道新幹線開通が一九六四年、日本万国博覧会が一九七〇年であったことを踏まえると、関西に対する注目度が高まっていた時期と言える。

村上春樹の『海辺のカフカ』に登場した、大阪から来た夫婦は、この古典的な関西弁・大阪弁キャラクターの流れを汲むものと考えていいであろう。

新しいタイプの関西弁キャラ

後藤早貴氏による「漫画における関西弁の特徴と役割」という論文では、陣内正敬氏と友定賢治氏の『関西方言の広がりとコミュニケーションの行方』を参照しながら、一九八〇年代以降に生まれた日本人は関西弁に対する好感度が高まっていることを指摘し、その要因としてマンザイ・ブームの存在を指摘している。

後藤氏によれば、一九八〇年代以降に生まれた日本人は関西弁キャラに対し、①漫才師、②元気、③ハッキリ発言、④人懐っこいというポジティブなイメージを抱きがちであり、⑤ど根性、⑥浪花のあきんど、⑦食い道楽、⑧ハデ、⑨ヤクザといった、どぎつくてネガティブになりがちなイメージは副次的に留まるようになったとしている。

関西弁キャラに対する国民の受容の姿勢が変わったという点に関しては、本書第七章で触れられる、団塊ジュニア世代のコミュニケーションスタイルの変化という観点とも通じるところである。

このような変化を踏まえて、平成・令和のマンガ・アニメ・ドラマ作品における関西弁キャラを見ていくことで、その特徴を探っていきたい。

相田彦一――『SLAM DUNK』

まず、昭和の『あしたのジョー』にも匹敵する、平成のこのスポーツマンガから見ていこう。

『SLAM DUNK』（スラムダンク）は井上雄彦氏によるスポーツマンガで、一九九〇年から一九九六年に『週刊少年ジャンプ』に連載された。また一九九三年から一九九六年にはテレビアニメ化され、テレビ朝日系で放送された。原作、アニメともに記録的な人気を博した。物語は、不良少年の桜木花道《さくらぎはなみち》が神奈川県立湘北高校（架空の学校）のバスケットボール部に入部し、仲間とともに成長していく姿を描いたものである。

相田彦一《あいだひこいち》は、主人公・桜木花道らが所属する湘北高校バスケ部のライバル、陵南高校バスケ部の一年生で、選手としての活躍は描かれていないが、「情報収集が得意」とされている。中学時代は大阪にいたとのことで、かなりコテコテの大阪弁を話す。自称詞は「わい」。

図5-4　相田彦一『SLAM DUNK』③ ©井上雄彦 I. T. Planning, Inc.

彦一「あんたが流川君やな!!／いや——色々噂はウチの学校でも聞いてるでー!!／なんや中学時代はえらい活躍やったらしいやんか!!　1試合にダンク4本決めたとか50点とったとか／あ　ウチの学校ゆうんは陵南高校や　知っとるやろ　今度　試合することになっとる／わいは今年入ったばかりの一年／相田彦一や　ヨロシク!!」

（井上雄彦『SLAM DUNK』③）

作者の井上雄彦氏は鹿児島県出身ということで、関西ネイティブではない。それもあってか、相田彦一の話し方は、リアルな関西弁というよりは典型的なコテコテ大阪弁で、大阪人らしさを感じさせる役割を果たすことに主眼が置かれているようだ。

鈴原トウジ――『新世紀エヴァンゲリオン』

次に、記念碑的なSFアニメ『新世紀エヴァンゲリオン』からこの人物を取り上げたい。『新世紀エヴァンゲリオン』は一九九五年から一九九六年にかけて、テレビ東京で放送された庵野秀明氏原作・監督によるテレビアニメであるが、その後も度重なる映画化、コミカライズ等によって異なるヴァージョンがいくつも生まれた。

西暦二〇一五年、主人公である一四歳の少年碇《いかり》シンジが、別居していた父、国連直属の非公開組織・特務機関NERV（ネルフ）の総司令である碇ゲンドウから第3新東京市に呼び出され、巨大な汎用人型決戦兵器エヴァンゲリオン（略称「エヴァ」）初号機のパイロットとなって第3新東京市に襲来する謎の敵「使徒《しと》」と戦うことを命じられるところから物語が始まる。

鈴原トウジは、第3新東京市における第壱中学校の碇シンジのクラスメートの一人で、関西弁を話す。がさつで口が悪く、シンジに辛く当たったり、エヴァ弐号機の少女パイロットのアスカと仲が悪く、口げんかするなど、乱暴者のように描かれるが、実際には戦闘が恐くて怯《おび》えていたり、妹思いの面を持つなど、複雑な性格が与えられている。

一人称は「ワイ」または「ワシ」である。ここでは、コミック版から台詞を引用しておこう。

トウジ　「えーか転校生！　よう聞けよ／ワシの妹はなァ　今ケガして入院してんねんぞ！／オトンもオジーもお前のおる研究所勤めで看病するもんはワシしかおらん！」

（貞本義行『新世紀エヴァンゲリオン』②）

保科宗四郎――『怪獣8号』

次いで、近年ヒットしているこのマンガ作品を取り上げよう。

『怪獣8号』は松本直也氏によるSFアクションマンガで、ウェブコミック配信サイト『少年ジャンプ＋』で二〇二〇年開始後、本書執筆時の現在も連載継続中である。

怪獣が度々襲来して人々を脅かしている架空の日本を舞台としている。主人公の日比野《ひびの》カフカは怪獣から日本を守る防衛隊員に憧れて訓練を重ねているが、実は謎の生物に寄生されて、みずから「怪獣8号」に変身するという能力を得てしまう。怪獣を殲滅《せんめつ》する防衛隊員と、防衛隊に追われる怪獣8号という二つの矛盾する立場におかれて苦心するカフカの活躍が描かれる作品である。

この作品中での関西弁キャラは、防衛隊第3部隊副隊長（兼保科小隊長）の保科《ほしな》宗四郎《そうしろう》である。華奢《きゃしゃ》な体つき、おかっぱ頭、糸目が特徴的だが、怪獣討伐に関しては秀でた技量を持っており、特に刀の扱いに優れている。隊員からも信頼を置かれるリーダーである。作者のメモに、「アクションだけでなく、物語の真相に迫る探偵のような役割もこなしてくれる。作者的にかなり頼れるキャラ」とある。自称詞は「僕」。作者の松本直也は兵庫県出身ということで、あまり作りすぎない関西弁を話している。

図5-5　保科宗四郎『怪獣8号』① ©松本直也／集英社

保科「僕は今回選別試験の選考委員長を任されとる／第3部隊副隊長の保科や／二部ではこの演習場で怪獣を――…／討伐してもらう」

（松本直也『怪獣8号』①）

服部平次・遠山和葉・大岡紅葉——『名探偵コナン』

大ヒットマンガの劇場版アニメからも例を引いておこう。

『名探偵コナン』は一九九四年より『週刊少年サンデー』に連載されている、青山剛昌《ごうしょう》作の推理アクションマンガである。一九九六年からテレビアニメ（日本テレビ系列）が開始され、一九九七年から毎年四月に劇場版アニメ映画が上映されている。

主人公のコナンは、もともと東京で活躍する高校生探偵の工藤新一であったが、謎の黒ずくめの組織を捜査しているときに殴られ、毒薬を飲まされたために身体が小学生並に小さくなってしまった。新一は、正体を隠して江戸川コナンと名乗り、隣人の阿笠《あがさ》博士の助力を得て、ガールフレンドの毛利蘭《らん》の家に居候しながら、周囲で次々に起きる事件を持ち前の推理力や、阿笠の開発した万能アイテムを活用して解決していく。

本作には、工藤新一のライバルとして「西の名探偵」と称される服部平次《はっとりへいじ》が単行本第一〇巻（一九九六年）から登場する。彼が本作に登場した最初の関西弁キャラである。また、服部平次の幼なじみで同じく関西弁を話す遠山和葉《かずは》も単行本第一九巻（一九九八年）から、さらに、服部平次を「未来の旦那さん」とつけ回す、関西有数の財閥大岡家の令嬢・大岡紅葉《もみじ》が単行本第九八巻（二〇二〇年）から登場する。いずれも美男美女の若者たちであり、コナンや毛利蘭とともに、ストーリーを賑《にぎ》やかに、華やかに盛り上げていると言える。

今回は、この三人がそろって登場する劇場版アニメ映画『名探偵コナン　100万ドルの五稜星《みちしるべ》』（二〇二四年公開）から用例を示しておこう（出典はいずれも『劇場版アニメコミックス　名探偵コナン　100万ドルの五稜星』上巻）。

・**平次**「和葉に化けてオレの唇を盗もうとしとった　やらしーやっちゃ!!」

・**平次**「あんたの事も調べさせてもろたで…／福引きが当たって家族で温泉旅行中らしいやないか…」

・**和葉**「けどあんた、ええ音させてたで」

・**和葉**「アタシにもわからんわぁ……／平次に聞いてみて…」

・**紅葉**「平治君が北海道の剣道大会に出はるってあんたが言うから、慌てて来たのに…

図5-6　服部平次・遠山和葉・大岡紅葉『名探偵コナン 100万ドルの五稜星』©2024 青山剛昌／名探偵コナン製作委員会

／何で会場に来てはらへんのやろなァ…」

・**紅葉**「土方《ひじかた》はんは多摩にいた頃俳句をよう詠んではって、それを集めた冊子の題名が豊玉発句集《ほうぎょくほっくしゅう》…」

後藤義雄――『地面師たち』

最後は、流行語となった台詞でマスコミをにぎわせたこのキャラクターである。

『地面師たち』は新庄耕《こう》による原作小説（二〇二二年）を脚色して、二〇二四年よりNetflixから配信された連続ドラマである。

地面師とは、土地の所有者およびその関係者と偽って土地の売買契約を結び、土地代金をだまし取る犯罪者集団で、ドラマでは豊川悦司《えつし》演じるハリソン山中が組織した地面師集団の犯行の顚末を詳細に描いていく。ピエール瀧《たき》演じる後藤義雄《よしお》は元司法書士で、売買の交渉・仲介に当たるが、声高に関西弁でまくしたて、高圧的な態度で買い主を圧迫するキャラクターを演じている。

原作小説でも関西弁が出てくるが、ドラマではさらに関西弁が強調されている。ドラマでは買い主との交渉がまずい展開になりそうになると、「もうええやろ」「もうええでしょう」という台詞を発して圧力を掛け、追及をうやむやにしようとするが、この「もうええでしょう」は二〇二四年の「『現代用語の基礎知識』選 ユーキャン 新語・流行語大賞」の候補にもノミネートされた。

後藤のキャラクターは、大声、多弁、高圧的態度が特徴的であるが、仲間内や家族内の会話では終始朗らかで、下品な冗談もよく発する。原作者の新庄耕は京都市出身で、小説の後藤の台詞はかなり正確な関西弁であるが、ドラマで後藤を演じるピエール瀧は静岡市の出身であり、またドラマの監督の大根仁も東京都出身ということで、アクセントが時々間違っている。だまされ役のマイクホームズの真木社長（駿河太郎）は、詐欺が発覚した後警察で後藤のことを「うそくせえ関西弁しゃべってた」と言っているが、駿河太郎は関西出身なので、この台詞には真実味がある。

（土地取引の現場で）

社長「ほかの書類は問題ないんだよな？」

社員「はい／今一度確認させていただいて……」

後藤「（大声で）もうええやろ／え？／（若い社員に）あんた登録年次いつなん？」

社員「え？」
後藤「えらい若いから心配になってな／いつ？」
社員「二〇一二年です」
後藤「なんやまだ年次制研修一回しか受けとらへんのかいな？／そんなんでこないな大事な決済務まるんかいな」
（Netflix「地面師たち」第一話より）

（事件発覚後、警察署で）
社長「（後藤の写真を手に取り）こいつ／こいつです！」
刑事「これが、仲介業者？」
社員「はい、恐らく」
社長「恐らくじゃねえだろ！／こいつだろうがよ！／うそくせえ関西弁しゃべってたじゃねえか／え！」
（Netflix「地面師たち」第二話より）

後藤が初対面のマイクホームズの社員にタメ口で高圧的にまくしたてるところなど、関西人のステレオタイプをよくとらえている。

平成・令和の関西弁キャラクターの特徴

古典的な関西弁キャラでは、厚かましく、下品で、金や食べ物にきたない、垢抜けないおじさん・おばさんキャラ、あるいは若くても年寄り臭いキャラが目立っていた。異物感の強い、どぎついキャラクターであったが、平成・令和の関西弁キャラは、すっきりとした見た目の人物が多く、主人公と張り合って人気を得るようなタイプも増えてきている。ただし、鈴原トウジのような屈折したキャラクターや、『地面師たち』の後藤のようなかつての古典的な関西弁キャラがいることも見逃せない。つまり、関西弁キャラのヴァリエーションが広がったということである。

ではなぜ、これらのキャラクターは関西弁を話すのだろうか。一つには、主人公が標準語を話す一方で、それに張り合う強いキャラを造形するのに、関西弁のインパクトが役に立つということがあるだろう。

さらに言えば、関西弁キャラは間違いなく多弁である。「不言実行」タイプの関西弁キャラ、というのは意味がないのである。

よくしゃべる登場人物は、状況を事細かに分析し、説明してくれる。これは作者にとって大変ありがたいのである。関西人（ことに大阪人）は、言語コミュニケーション能力に秀でているというのが昨今の関西人のステレオタイプの一つであるが、これは創作者にとっては便利なキャラクターとなってくれるのだ。

このようなキャラクターの変容の要因については、先に引いた後藤氏の論文で述べられているように、一九八〇年の「マンザイ・ブーム」の影響が大きいことは確かである。さらにその背景には、本書第七章で見るように、団塊ジュニア世代に先導された、日本人のコミュニケーションスタイルの変容があるようである。

言語コミュニケーションによって積極的に他者に関わっていくことを是とする、ポストモダン的な価値観の確立によって、大阪的なコミュニケーションが日本語話者に肯定的に受け入れられるように変わってきたとすると、そういった世相を反映して、関西弁キャラも変わってきたということになる。

Kinki Kids（一九九二年結成、二〇二五年よりDOMOTO）を嚆矢《こうし》として、関ジャニ∞（二〇〇二年結成、二〇二四年よりSUPER EIGHT）、ジャニーズWEST（二〇一四年結成、二〇二三年よりWEST.)、Aぇ！group（二〇一九年結成）といった、旧ジャニーズ系のアイドルに関西人グループが増加し、人気を得ていることも並行した現象であろう。関西弁のおしゃべりキャラが、陽気で楽しいキャラクターとして、マスメディアを賑わせるようになった理由はこのあたりにある。

再び村上春樹へ――方言の「アイデンティティー用法」

大阪弁・関西弁を駆使する関西出身の作家たちは、いわば自らの分身としてそれらのキャラクターを造形しているという側面がある（ただし分身と言っても、正確なコピーという意味ではなく、作者に内在する人格の一面を取り出したもの、ぐらいの意味あいである）。

作家・村上春樹は、先に述べたように阪神間の出身であり、紛れもなく関西人としてのキャラクターを内在させているはずではある。しかし彼は、日本の古典の学習を押しつけてくる父親と不和になり、知人の自死も経験したらしく、深い心の傷をおって東京の早稲田大学に進学し、二度と関西に住むことはなかった。

そのような故郷としての関西に対するアンビバレントな感情が、作品から関西的なテイストを排除させた可能性がある。しかし一九九五年の阪神淡路大震災を契機に、父や関西との向き合い方が変わってきたのか、彼の小説に関西弁がちらほらと見られるようになる（金水敏「村上春樹と関西方言について」）。

本章の最初に引いた、『海辺のカフカ』の大阪の中年夫婦は、大阪的なキャラクターを揶揄するような形で描かれていたが、「アイロンのある風景」「アフターダーク」等では、関西を捨てた人物に関西弁を使わせたり、「イエスタデイ」では、作者とまったく逆に、東京人でありながら東京語を捨ててディープな大阪弁を使う木樽《きたる》という人物を作り出した。村上春樹にとって関西弁は、単にキャラを作り出すための手段というよりは、自分自身の深層心理に降りていくための一つの命綱として、隠していたアイデンティティーの拠り所として向き合っているように感じられる。

先に、田中ゆかり氏の「ヴァーチャル方言」の分類について、「地域用法」と「キャラ用法」に分けられると述べた。『海辺のカフカ』の大阪から来た夫婦は、関西弁キャラのキャラ用法そのものであるが、その他の村上春樹の関西方言の用い方を見ていくと、この二つの単純な二分法だけでは捉えきれない面も持っているようだ。

つまり、作者本人のアイデンティティーの拠り所として方言を用いるというもので、これをここでは「アイデンティティー用法」と呼んでおこう。田中氏は、この用法を「地域性と紐づいた一種のキャラ用法」と捉えている（田中氏談話による）。アイデンティティー用法については、『ドラマと方言の新しい関係』で岡室美奈子氏が例示した、大河ドラマ『八重の桜』の八重の会津弁にも妥当するかもしれない。主人公の八重は、ドラマの中で、故郷の会津を離れてからもずっと会津弁を使い続けたが、これは八重の中の「変わらぬ会津の魂」を表現するための方言であったと見ることができる。

この章のまとめ

本章では、大阪弁・関西弁キャラクターについて次のようなことを述べた。

関西弁を話すキャラクターには、「守銭奴」「食いしん坊」「おしゃべり好き」「やくざ」等のイメージがあるが、これは江戸時代から近代にかけて、歴史的に形成されてきたものである。

このようなイメージに当てはまるキャラクターが昭和時代のポピュラーカルチャー作品によく現れるが、近年はそのキャラクターの範囲が広がっている。守銭奴、食いしん坊等のマイナスイメージを伴う異人的なキャラクターは減り、社交的で明るく活発なキャラクターが現れるようになった。新タイプの関西弁キャラは概して多弁であり、作者側にとっても状況説明のために便利なキャラクターである。

なお、村上春樹の書く関西弁キャラは、お金にうるさい古典的なキャラクターを踏襲したものもあるが、他の村上春樹の作品では、関西人としての彼のアイデンティティーの表現ともとれる用法が見られる。

次章では、大阪弁・関西弁キャラクターを生み出すもととなった、大阪人のコミュニケーションスタイルについて考えていきたい。

コラム5

「さん」と「はん」——「おけいはん」は正しいか

大阪弁の代表的な表現として、敬称の「さん」が「はん」となる現象がよく挙げられる。これは、「せん」が「へん」となるのと同様に、サ行音がハ行音に変化したものである。ただし、何が何でも「さん」が「はん」になるのではない。

これに関しては『大阪ことば事典』の「はん」の項目に記述がある。「さん」の前がア列、エ列、オ列の場合は「はん」になりやすく、イ列、ウ列、促音・撥音の場合は「はん」になりにくいとしている。

古い大阪の家では、長女のことを「いとはん」と言うが、次女のことは「こいはん」とはいわず「こいさん」という。京阪電車のマスコットガールを代々「おけいはん」と呼んでいるが、「おけい＋はん」であるとすれば、元来の関西弁としては微妙である。「おけーはん」のように長音化していると捉えれば、ぎりぎりセーフだろう（札埜和男『大阪弁「ほんまもん」講座』）。

促音・撥音も「はん」にはならないので、「だんさん（だんなさま）」「あんさん（あなた）」となる。「おばはん」は「はん」だが、「おっさん」は「おっはん」にはならない（そもそも発音できない）。

「さん」と結合して促音化するのは、「さん」の前が「し」「す」「そ」「ち」「つ」「と」の場合である（義務的ではない）。たとえば「小橋さん」が「こはっさん」、「橋本さん」が「はしもっさん」など。「おじさん」が「おっさん」になるのはかなり例外的で、「じ」のような濁音は促音化しにくいのが普通である。

ちなみに、お寺のお坊さんのことを「**おっさん**」ということがあるが、これは「和尚さん」「お主さん」「お師さん」「お住持さん」のいずれかが縮約されたもののようで、アクセントは頭高で「お」が高くなる（関西に留まらず西日本にかなり広まった言いかたのようである）。「おじさん」の意味の「**おっさん**」は、高く始まって下がらないので、アクセントで区別される。また、「さん」が「はん」になるのは親しみを込めての変形なので、本当に尊敬すべき対象に対しては適用しない。だから、「神さん仏さん」は「さん」であって、「はん」にはならない。

なお、「さん」「はん」の仲間に、「やん」がある。「さん」「はん」よりは気安い相手に用いる。上方落語の常連の登場人物に「清六」「喜八」という名前が付けられていることが多いが、お互い、「せーやん」「きーやん」（時には「きー公」）と呼び合っている。俳優の星田英利氏は、芸人時代の芸名を「ほっしゃん。」と言ったが、これは「星＋やん」が縮約化されたものである。知人の東野さんの愛称は、「ひがし＋やん」で、さらに「ひ」がとれて「がっしゃん」と言う。

無生物であっても「さん」をやたらと付けるのも関西弁（特に大阪・京都）の特徴とされる。たとえば「お豆さん」「お芋さん」「おかいさん（粥のこと）」等々。これらは人ではないので、「はん」にはならない。

また、なぜか「飴ちゃん」だけは「さん」ではなく「ちゃん」になる。もともと、子どものお菓子だったからかもしれない。尾籠《びろう》な話であるが、赤ん坊が大便をしたときも「うんこちゃん」と言ったりするので、幼児語の可能性は高い。

第六章

大阪人のコミュニケーションはどこがちがうのか

――大阪人はストリートファイター

おつりは二〇〇万円！

大阪で飲食店に入ったり、買い物をしたりすると、たまにこんな光景に出会う。

店員「はい、お代金八〇〇万円になります」
客「あ、はいはい、じゃあ一〇〇〇円」
店員「はい、おつりは二〇〇万円、まいどおーきに！」

これはもちろん、実際の金額を一万倍にして表現しているのであり、冗談である。いかにも冗談をいいそうなおじさんだったら納得もいくし、客もにこにこしながら対応しているが、あまり冗談を言いそうもない若めの女性店員にこれをやられると、ちょっとびっくりすることもある。うわさにはきいていても、まさか今時そんなことを言う店員なんかいないだろうと思われるかもしれないが、大阪市内ではこういった光景は決してなくなっていない。私も、年間、二、三回は出くわす。

商取引という、商売人にとっては日々の糧《かて》を得る重要な行為であり、何より正確性が求められる場面ではあるが、そこに遊戯性を天ぷらの衣のようにまぶして、楽しんでいるのである。さらに、こんなやり取りに展開していくかもしれない。

店員「はい、お代金八〇〇万円になります」
客「八〇〇万円！　高いなあ。もうちょっと負けといて」
店員「高い？　しゃあないなあ、そしたら八〇〇円にしときます」
客「それ、ぜんぜん負けてないやん」

このように、会話が弾んでいくことで、店員と客の心理的距離も縮まっていくことだろう。

ただし、こんな遊戯性が発揮されるかどうかは金額にもよる。車や家や土地など、一生の買い物にもなりかねない取引の場合にこんな冗談を言う人はいないであろう。関西人（特に大阪人）は、発話の正確性と楽しさを天秤にかけて計算しながら、許されるであろう範囲で遊戯性・演出性を盛り込んでいくのである。

さらに、このやりとりは、店員の仕掛けに対して客が受け、かつ返してくるという「掛け合い」の楽しさも見込んで仕掛けられているという点に注目したい。例えば、大阪で道行く人にピストルで「バーン！」と撃つ真似をしたら、撃たれた人がかなりの確率で「うっ」と死ぬ真似をするという伝説があるが、それくらい、「掛け合い」ということに対して関西人、特に大阪人は常に準備万端なのである。また、よく言われる関西のおばちゃんの「あめちゃん」配りや、ヒョウ柄の派手な普段着なども、関西人のコミュニケーション・ツールとして役立っているとみれば、納得できるところである。

このように、大阪人のコミュニケーションが遊戯性・演出性に富んでいて、かつ即興的な掛け合いへの敏感な反射神経を大事にしているということの歴史的な背景については第四章でも触れたが、本章では、社会調査に基づく研究、および芸能史の観点から大阪人のコミュニケーションの特徴を裏付けてみたい。

「正しく」も大事だが「楽しく」も大事

泉州岸和田生まれ・育ちの雑誌編集者、江弘毅氏は、『K氏の大阪弁ブンガク論』の中で、自らの生い立ちを振り返って、次のように述べている。

その後、K氏は府立高校に進学する。そこは学区で一番の所謂《いわゆる》「ナンバースクール」

だった。(中略)

また初めて「標準語」を話す先生の授業を受けた。「やっぱし中学校と違《ち》ごて、かしこい高校はちゃうな」とK氏は思ったが、同時に「愛嬌がないおもろない喋り方やから授業は眠たい」のだった。

K氏のいた中学校では「おもろい」かどうかが常に問われていた。喧嘩の最中でも授業中でも「おもろいこと」を言うたもんが勝ち、すなわち「おもろく表現する」ことが人を「納得」させることにほかならない。そんな口語的な社会性だった。

(江弘毅『K氏の大阪弁ブンガク論』)

K氏の生まれ育った時代の岸和田が、発言に「おもろい」ことに高い価値を見出す社会であったことがうかがわれる。

次に、小林隆氏と澤村美幸氏の『ものの言いかた西東』に引用された、陣内正敬氏の調査を参照されたい。ここでは、東京と大阪の話者を調査して、会話において「正しく話す」と「楽しく話す」のどちらを重視しているかという意識についての回答をグラフ化している(図6–1)。大阪では全体に「楽しく話す」または「両方」の比率が高めに出ていて、

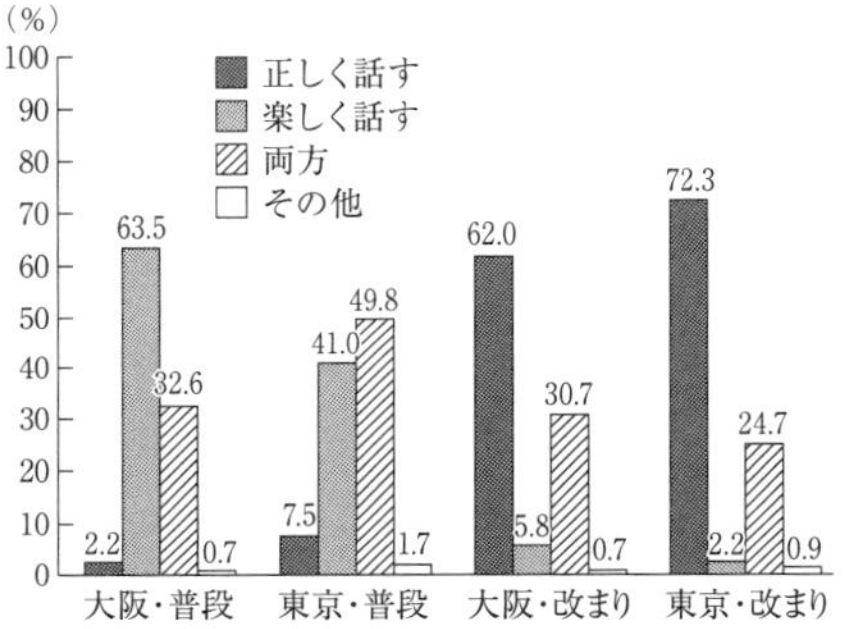

図6-1　正しく話すか、楽しく話すか（出典：小林隆・澤村美幸『ものの言いかた西東』をもとに作成）

特に普段の会話での「楽しく話す」の傑出度が目立っている。

また、言語学者の吉岡泰夫氏による「コミュニケーション意識と敬語行動にみるポライトネスの変化」という論文では、次のようにまとめている。

・普段の会話で「楽しく話すこと」を大事にする意識は、大阪ではどの世代でも高い。首都圏では若い世代ほど高く、上の世代ほど低い。

・改まった会話で「正しく話すこと」を大事にする意識は、首都圏ではどの世代でも高く、特に六〇代以上で著しい。大阪は首都圏に比べて低く、特に六〇代以上では二〇ポイント程度の差が見られる。

・大阪、および若い世代は、楽しく話そうと心がけて、相手のポジティブ・フェイスを満たすことに重きを置くポジティブ・ポライトネス志向である。この傾向は、改まり度の低い会話場面を意識したときほど顕著になる。
・首都圏は、礼儀正しく話そうと心がけて、相手のネガティブ・フェイスを満たすことに重きを置くネガティブ・ポライトネス志向である。この傾向は、改まり度の高い会話場面を意識したときほど顕著になる。

なお、「ポジティブ・フェイス」「ネガティブ・フェイス」「ポジティブ・ポライトネス」「ネガティブ・ポライトネス」とは、第一章で紹介したように、ポライトネス理論の用語である。「相手と一体となりたい」という欲求が「ポジティブ・フェイス」、「相手から離れたい」という欲求が「ネガティブ・フェイス」であり、それぞれの相手の願望を満たそうとする言動が「ポジティブ・ポライトネス」と「ネガティブ・ポライトネス」となる。

ボケとツッコミという文化

『ものの言いかた西東』では、「ボケ・ツッコミが好きか」、「ツッコミを期待してボケることがあるか」、「失敗談（ボケ）に対してツッコミを入れるか」、「失敗談の披露がよくあるか」といった調査を紹介し、いずれも大阪の話者が傑出していることを示している。

澤村美幸氏から個人的に伺ったところでは、氏の出身である山形県山形市や、大学時代を過ごした宮城県仙台市などでは、失敗をとても恥じる気持ちが強く、わざわざ人前でそれを披露するということが極めてまれなのだそうだ。これに対し、阪神間在住の私の周りでは、多少の失敗なら「ネタが出来た、しめしめ」と思って、うれしそうに披露してくる人がいっぱいいる。

また、私の見つけた『朝日新聞』大阪版の投書欄（二〇一五年一〇月二〇日）では、一一歳のこんな小学生の投書が挙がっていた。この男の子は、一年前、広島県福山市から大阪市内に転入してきたのだが、学校の教室に入った瞬間にびっくりしたそうだ。

　みんな、ボケたようなことや、ツッコミをすごくしていた。授業中もちょっとしたことでツッコミしたり、ボケたまねをしたりしていた。ぼくの頭の中は「……」だった（引用者注：戸惑いの気持ちを表している）。みんな笑っていたが、ぼくだけちっとも笑えなかった。

この児童がこの違和感を先生に話したら、「大阪はボケとツッコミが多い」、また「大阪のノリ」ということを教えてくれて、最初は「は？」と思ったけど、最近友達と遊ぶようになり大阪にもちょっとずつ慣れてきたので、大阪を楽しんでいきたいとまとめている。
加えて、大阪人に強く見られる会話のノリについて、尾上圭介氏は次のように書いている。

　会話というものは、ただ用件が伝わればよいというものではない。相手とのやりとりを自分も積極的に求め、楽しんでいるという姿勢を表現してこそ、それが会話というものだ、というのが大阪の人間の感覚である。せっかく自分にものを言ってくれている相手に対して、ただ黙って聞いているだけではあいそがない。そこで、用件の本筋に関係のないところでごじゃごじゃと相手にからんで楽しむ会話というものが、よく現れる。

（尾上圭介『大阪ことば学』）

『ものの言いかた西東』では、藤本義一《ぎいち》氏と丹波元《はじめ》氏の『大阪人と日本人』を引用して、「大阪というところは、日々これ、台本のない芝居を楽しんでいるような町」であり、「自己演出」が得意なところが大阪人の特徴であると述べている。

このように、会話をしている相手に対する、一種の社交上の礼儀として、さまざまな技を駆使しながら、おもてなししていくのが大阪ノリの会話術なのであろう。

大阪の芸能は大阪的コミュニケーションの歴史を映し出す

ここで、少し視点を変えて、関西・大阪で育まれてきた大衆芸能に着目したい。具体的には歌舞伎、人形浄瑠璃（文楽）、落語、漫才であるが、特に日高水穂氏の漫才研究に重要な示唆を得ている。

なぜ大衆芸能を見ていくかというと、芸能というものが、それが育った地域のコミュニケーションスタイルを如実に映し出す傾向があるからである。

大衆芸能は、人々の交わすコミュニケーションを写し取り、舞台の上で繰り広げていくものと捉えることができる。そのコミュニケーションスタイルが地域の人々になじみ深いものであるからこそ、地域の人々に受け入れられ、そしてさらにその芸能を地域の人々が育てていくという相乗効果があると考えられる。この点については後ほど、日高氏の論考に基づいて確認していきたい。

まず、上方らしい芸能の始まりとして、歌舞伎・人形浄瑠璃（文楽）を挙げることができる。歌舞伎の始まりは一六〇三（慶長八）年、阿国《おくに》が始めた念仏踊《ねんぶつおどり》と呼ばれる歌舞劇であったが、元禄・享保中期（一七世紀末〜一八世紀初頭）には、上方歌舞伎と江戸歌舞伎の性格の違いが現れるようになった。江戸では「荒事《あらごと》」と呼ばれるアクション中心の芸が受けたのに対し、大坂では「和事《わごと》」の芸がもてはやされた。これは遊郭を舞台とし、傾城《けいせい》（高級遊女。男性の女形が演じる）と客との写実的で細やかなコミュニケーションを中心に演じていく芸となっている。

歌舞伎と並行して発達していったのが人形浄瑠璃である。人形浄瑠璃は、中世末期から三味線を伴奏とした語り芸として発達していった浄瑠璃と、西宮近辺で行われていた人形操り（傀儡師）の芸が合体して生まれた。近松門左衛門（一六五三〜一七二四）が作者となり、竹本義太夫《ぎだゆう》（一六五一〜一七一四）と組んで竹本座を起こして始めた世話浄瑠璃が爆発的な人気を博した。

「曽根崎心中」「心中天網島」「女殺《おんなころし》　油《あぶらの》　地獄《じごく》」等の、近松の世話浄瑠璃は大阪をはじめとする京阪地域を舞台として、町人たちの生活に根ざした生々しいドラマを色濃く描きだした。これらの世話浄瑠璃は、上方ことば＝当時の大阪弁で書かれた大阪の市井のドラマであり、後の落語や浪花節等、大阪の話芸の基盤となっていく。

このように、上方で生まれ、発達したドラマは、遊郭や大阪の市中を舞台とした会話劇であり、そこには町人の街である大坂（＝大阪）のコミュニケーションスタイルが色濃く反映されていた。これに対し江戸歌舞伎は、言語コミュニケーションもさることながら、武士文化に根ざした力の表現に人気が集まった。

上方落語と江戸・東京落語

落語の始祖は安楽庵策伝《あんらくあんさくでん》（一五五四〜一六四二）と言われ、浄土宗の説教僧として、布教活動の中で落とし話を多用し、それが『醒睡笑《せいすいしょう》』全八巻としてまとめられている。職業的な噺家としては京都の露《つゆ》の五郎兵衛《ごろべえ》、大坂の米沢彦八《よねざわひこはち》、江戸の鹿野武左衛門《しかのぶざえもん》が元禄年間から正徳年間に活躍したが、特に米沢彦八は生國魂《いくくにたま》神社の境内で大道芸として物真似芸が人気を博した。

江戸落語がその後、座敷芸として屋内での演芸として発達していったのに対し、上方落語は大道芸の雰囲気を後まで残し、見台、小拍子という音の鳴る道具を使用し、はめ物といわれる音曲を取り入れた演目も多数あって、全般として賑やかに演じられる傾向がある。

また江戸が武家の街であったこともあって、「井戸の茶碗」「妾馬《めかうま》」等、武士の生き様が描かれる作品が多く、また「芝浜」「文七元結《ぶんしちもっとい》」に代表される人情噺も江戸落語の本分と言えよう。

これに対し、上方落語は、「時うどん」「代書（屋）」に見るように、掛け合いの面白さが前面に打ち出されている演目が目立ち、後の漫才にも通じる芸風が発達していった。

「時うどん」vs.「時そば」

この点を、「時うどん」と「時そば」の対比で確認しておこう。「時うどん」は上方落語として出発し、それを江戸落語の三代目柳家小さんが「時そば」として演じるようになったとされる。「時そば」のほうが、登場人物とストーリーが整理されているので、「時そば」のあらすじを示しておこう。

江戸の街、深夜近く、夜鷹そばの屋台（そば屋①とする）に一人の男（Aとする）が客として現れ、そばを一杯注文する。そば屋の屋号、器、出汁、そばの細さなどを褒めながら食べ終わり、支払いの段になって小銭を「ひー、ふー、み」と勘定し、「やー

（八）」まで来て「そば屋さん今何時だい」と尋ね、「へえ九つで」とそば屋が答えると、「とお（十）、十一、十二」と続きを数えて一文ごまかす。これを見ていた少し頭の回転の悪い男（Bとする）が、別のそば屋（そば屋②とする）を相手に自分もやってみようとするが、いろいろ食い違いが生じた上に、そばを食べた時間が早かったため、勘定の段になってかえって余計に支払ってしまう。

このように、江戸落語の「時そば」は賢愚（現在のツッコミとボケ）・二組のそば屋と客のやりとりを対比して見せていくストーリーとなっているが（図6－2）、「時うどん」のほうは、まず二人組の男たちが登場する。この二人が遊郭を冷やかして帰宅する途中、うどんを食って温まろうという相談になるが、二人の持ち金を合わせても一文足りない。賢役の男（Aとする）が「こっちに任しとけ」と、通りかかったうどん屋にうどんを一杯注文し、食べ始めるが、愚役（Bとする）の男が「こっちにも残しとけ」とうるさくせっつく。

その後の支払いの段は「時そば」と共通であるが、ここまでの流れで男二人のやりとりがいかにも滑稽みがあり、「時そば」にはない楽しさが味わえる。BがAの真似をするときも、最初とそっくりにやろうとして、男二人の役を一人で演じようとし、うどん屋に不審

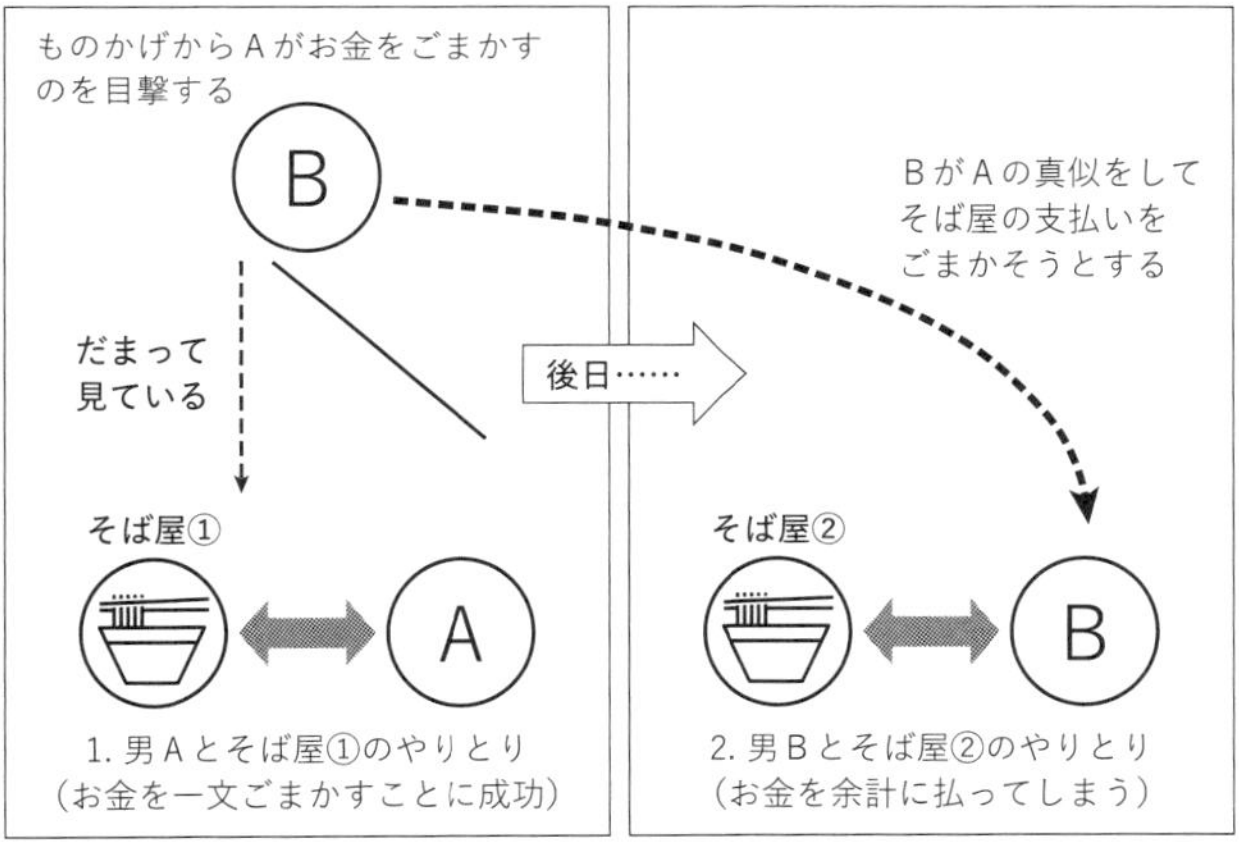

図6-2　「時そば」の構造

がられるというおかしみも表現される（図6－3）。「時そば」に比べて、「時うどん」は圧倒的に掛け合いの面白さが前面に押し出されているのである。

「時そば」では、

1　賢役Ａとそば屋①のやりとり（そば代をごまかす）

2　愚役Ｂとそば屋②のやりとり（1の模倣と失敗）

という二種のやりとりが描かれているだけである。

一方、「時うどん」では、

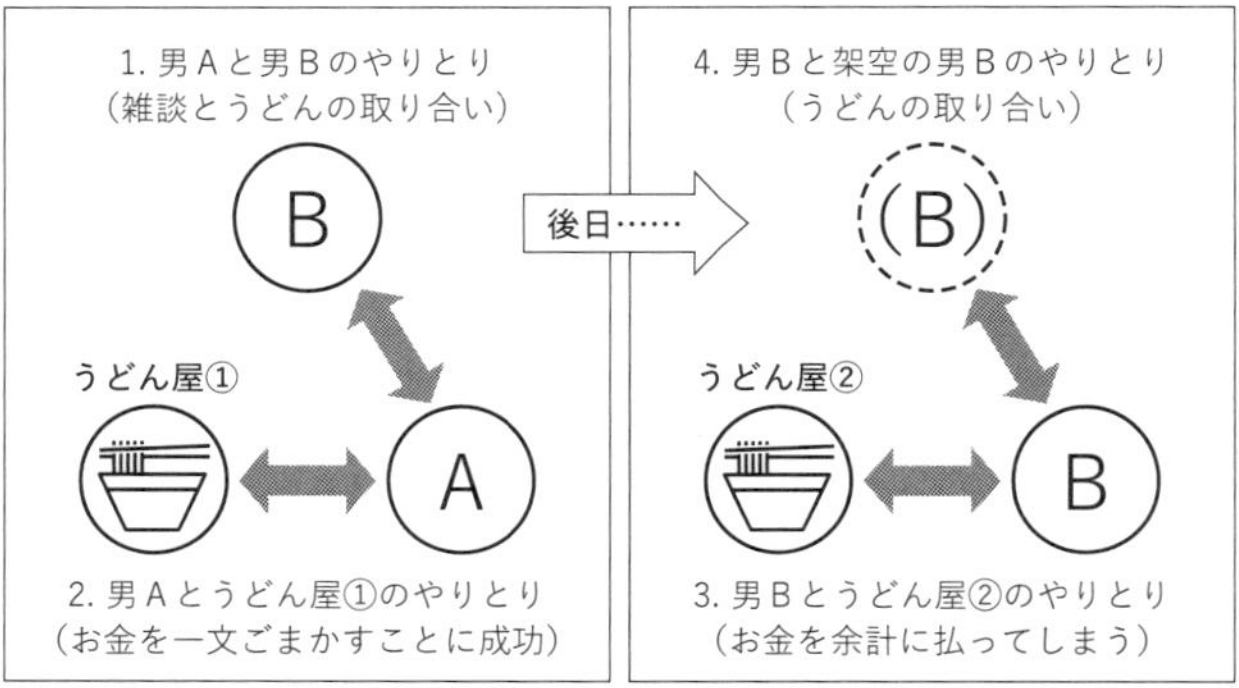

図6-3　「時うどん」の構造

1　賢役Aと愚役Bの男のやりとり（遊郭からの帰り途の雑談、うどんの取り合い）

2　Aとうどん屋①のやりとり（うどん代をごまかす）

3　Bとうどん屋②のやりとり（2の模倣と失敗）

4　Bが演じる、架空のBとのやりとり（1の模倣）

という四種のやりとりが描かれ、掛け合いの面白さが倍増しているのである。特に、4のやり取りは、Bが架空のBを相手にする架空の掛け合いであり、うどん屋がその様子を見て怖がるシーンが爆笑を誘う。

B「引っ張りなや、お汁がこぼれるやろ（そでを引っぱられるしぐさ)。うどん屋のオッサン顔見て笑ろてるぞ……」

うどん屋②「笑ろてぇしまへんで、わて。どっちか言ぅと気色悪ぅなってまんねんで……、誰か通らんかいなぁ」

成立は「時うどん」のほうが早いので、「時そば」は賢愚二人の手並みの違いに焦点をしぼり、それ以外の掛け合いの部分を刈り取り、整理した結果であるとも言える。上方と江戸の人々の好みの違いが色濃く反映された改変と言える。

しゃべくり漫才の発生と展開

この章ですでに見てきたように、「ボケ・ツッコミ」という概念はもはや日常生活の中に溶け込んで、日々のコミュニケーションに活用されているように見受けられるが、これはもちろん漫才から発生した概念である。漫才については近年、日高水穂氏が精力的に研究を進められているので、日高論文から適宜引用し、考察していこう。

漫才はもともと「万歳」という門付け芸に起源を持つ。万歳は「太夫《たゆう》」という賢役、「才蔵《ざい》《ぞう》」という愚役の二人の掛け合いを含む芸能であったが、落語など諸芸の要素を融合させ、明治末期から昭和初期にかけて「万才」として発生した。その後の発展段階を日高氏は次のようにまとめている。

〈黎明期〉明治末期~昭和初頭:門付け芸の万歳から諸芸融合の万才の発生
〈創生期〉一九三〇~一九五〇年代:ことばの掛け合い芸としての漫才の成立
〈完成期〉一九六〇~一九七〇年代:ボケ・ツッコミの掛け合いの型の確立
〈発展期〉一九八〇年代以降:ボケ・ツッコミの掛け合いの多様化

(日高水穂「漫才の賢愚二役の掛け合いの変容」)

賢役と愚役の名称は、当初、万歳を受けついで太夫、才蔵と呼ばれていたが、愚役はボケ、ピンなどとよばれ、やがてボケに収束していった。一方、賢役はシン、ピン等の名称を経て、一九六〇年代あたりからツッコミと呼ばれるようになった(日高水穂「漫才の賢愚二役の名称と役割の変容」)。

創生期の代表的な漫才コンビ、横山エンタツ・花菱アチャコは、それまで万歳師に必須であった楽器を持たず、また和装をやめてスーツにネクタイ姿で舞台に上がり、まるで都会のサラリーマンが世間話をするような会話中心の芸を始めた。いわゆる「しゃべくり漫才」の登場である。東大卒業の秋田実は二人のしゃべくり漫才を聞いたことをきっかけに、漫才脚本を横山エンタツほかの漫才師に提供するようになった。

創生期の代表的な作品として、第四章でも紹介した「早慶戦」（レコード発売が一九三四年）を挙げることができる。早慶戦は、当時ラジオ放送されて全国的な人気を博していたところで、タイムリーな話題として恰好の題材であった。この演目に代表されるように、漫才は市井の日常的なコミュニケーションにもっとも近い芸能として発展を遂げていくのである。

上方漫才と東京漫才の違い

しゃべくり漫才の本場といえば、今日に至るまで大阪であり続けているが、やや遅れて東京でも人気のコンビが登場するようになった。ただし、上方漫才と東京漫才では、ネタのつくり方や会話の運び方がかなり違っていた。

この点について、日高氏は論文の中で「笑いを生み出す掛け合いの型に見られる東西差は、大阪（関西）と東京（関東）のコミュニケーションスタイル（話型）の異同をさぐる手がかりにもなり得るのである」とし、東西の違いを次のようにまとめている。

上方漫才の源流にある軽口の掛け合いは「賢役主導型」であった。軽口（俄《にわか》）の起源は、即興の素人芝居とされるように、会話の参加者が共同で笑いを生み出していく掛け合いの型は、大阪という地で好まれ育まれてきたコミュニケーションスタイルによって基礎づけられたものと言える。

一方で、東京漫才には、口達者で当意即妙にたけた愚役（多くは八五郎）が活躍する江戸落語からの影響が垣間見られる。東京の寄席は、現在も落語中心の番組構成となっているが、上方で生まれた漫才を東京の地に移植する際に、当地でなじみのある演者のキャラクター設定や掛け合いの型に当てはめて生まれたのが、「愚役主導型」の掛け合いなのだろう。

（日高水穂「掛け合いが生み出す笑い」）

ここにあるように、上方漫才の本質は「会話の参加者が共同で笑いを生み出していく掛け合いの型」にあったのである。そうして大阪弁・関西弁は、その軽やかで柔軟なリズムゆえに、この共同的な掛け合いに適合した言語であったと言えるのである。

なお、近年において関西弁漫才に対する東京漫才の対抗的な進化については、令和ロマンの髙比良くるま氏による『漫才過剰考察』が詳しい。その中で、「関西は話者がツッコミ→ボケ→ツッコミの順番になっていて、この3つが1セットになるからひとくだりに1・5倍ぐらい時間がかかるのか」とあり、その分関東弁によるスピーディーなネタ運びが有利になりつつあるとしている。

漫才における関西弁の影響力の相対的低下

二〇〇一年からは「M−1グランプリ」が始まった。二〇一〇年で一旦休止後、二〇一五年に復活、現在に至っている。やや古い資料であるが、『BRUTUS　漫才ブルータス』(二〇一六年一一月一五日号)の「漫才師のリアル」という記事によると、M−1グランプリ二〇一六出場者七三一人の出身地の内訳は次のようになっている。

一位	大阪府	九〇人
二位	東京都	七四人

三位	北海道	五二人
四位	兵庫県	四五人
五位	愛知県	四三人
六位	神奈川県	三六人
七位	沖縄県	三四人
八位	千葉県	三〇人
	埼玉県	三〇人
一〇位	福岡県	二八人

また、日高氏の「演者の出身地からみた現代漫才」という論文によると、M－1グランプリ（二〇〇一～二〇二二）決勝進出コンビの出身地は表6－1のようになっている。日高氏は同論文の中で、「二〇〇〇年代前半は〈関西コンビ〉が多かったが、二〇〇〇年代後半には〈非関西コンビ〉が増え、二〇一五年以降は〈関西・非関西コンビ〉も増えている。結果的に〈関西コンビ〉の割合は減る傾向にあるが、これは漫才文化が関西圏を越えて全国に受け入れられるものとなったことを意味するだろう」と述べている。この点に

関西 コンビ	【大阪拠点】中川家／フットボールアワー／チュートリアル／アメリカザリガニ／キングコング／麒麟／ますだおかだ／ハリガネロック／笑い飯／2丁拳銃／りあるキッズ／アジアン／ブラックマヨネーズ／変ホ長調／ライセンス／ダイアン／モンスターエンジン／NON STYLE／カナリア／ジャルジャル／銀シャリ／アキナ／さらば青春の光／さや香／ミキ／ギャロップ／霜降り明星／すゑひろがりず／ミルクボーイ／インディアンス／カベポスター／男性ブランコ 【東京拠点】DonDokoDon
関西・非関西 コンビ	【大阪拠点】南海キャンディーズ／スーパーマラドーナ／和牛／かまいたち／見取り図／もも 【東京拠点】テツandトモ／ザブングル／ピース／相席スタート／ゆにばーす／ニューヨーク／おいでやすこが
非関西 コンビ	【大阪拠点】千鳥／とろサーモン／からし蓮根／ロングコートダディ 【東京拠点】おぎやはぎ／ダイノジ／スピードワゴン／アンタッチャブル／タカアンドトシ／東京ダイナマイト／トータルテンボス／POISON GIRL BAND／品川庄司／タイムマシーン3号／ハリセンボン／サンドウィッチマン／ナイツ／U字工事／ザ・パンチ／オードリー／ハライチ／パンクブーブー／スリムクラブ／メイプル超合金／馬鹿よ貴方は／トレンディエンジェル／カミナリ／マヂカルラブリー／トム・ブラウン／オズワルド／ぺこぱ／東京ホテイソン／錦鯉／ウエストランド／モグライダー／ランジャタイ／真空ジェシカ／ヨネダ2000／ダイヤモンド／キュウ

表6-1　M-1グランプリ（2001〜2022）決勝進出コンビの出身地（出典：日高水穂「演者の出身地からみた現代漫才」をもとに作成）

主に大阪弁・関西弁を用いるコンビ	中川家(2001)／ますだおかだ(2002)／フットボールアワー(2003)／ブラックマヨネーズ(2005)／チュートリアル(2006)／NON STYLE(2008)／笑い飯(2010)／銀シャリ(2016)／霜降り明星(2018)／ミルクボーイ(2019)
それ以外のことばを用いるコンビ	アンタッチャブル(2004)／サンドウィッチマン(2007)／パンクブーブー(2009)／トレンディエンジェル(2015)／とろサーモン(2017)／マヂカルラブリー(2020)／錦鯉(2021)／ウエストランド(2022)／令和ロマン(2023、2024)

表6-2　M-1グランプリ(2001〜2024)優勝コンビが用いることば(カッコ内は優勝放送年)

ついては、次章で再び話題にする。

優勝者に限って、大阪弁・関西弁を用いるコンビと、そうでないコンビの数を比べると、二〇二四年までの全一九組中一〇組(開催回数は「令和ロマン」の連覇があるので全二〇回)が大阪弁・関西弁によるコンビである。全国的に漫才のお笑いの技術が普及・改良され、かならずしも大阪弁・関西弁ばかりが漫才の言語とは言えない状況になってきた。

大阪人はストリートファイター

大阪の人々のコミュニケーションスタイルが漫才を育て、また漫才によって開発・洗練された笑いの技術が市井の人々のコミュニケーションスタイルに取り入れられる。このような相乗効果の例として、「ノリツッコミ」が挙げられる。

通常の「ボケ・ツッコミ」は、愚役のボケに対して賢役のツッコミがたしなめるという運びであるが、「ノリツッコミ」はボケに対して賢役がいったん同調し、自分もボケたあとではっと気付いてツッコミの台詞を発するというものである。

ＹＴＶ／ＮＴＶ系列で放送している「秘密のケンミンSHOW」およびその後継番組の「秘密のケンミンSHOW極」では、たびたび大阪人のコミュニケーション能力の特殊さを特集している。よく放送されるテーマが、「大阪では子どもでもノリツッコミができる」というものである。現在、YouTubeの「秘密のケンミンSHOW極」公式チャンネルでも、そのテーマによる番組を見ることができる。

もちろんこれは一種のステレオタイプでもあるので、当てはまらない人も大勢いるのだが、概して大阪の街では子ども時代から普段の会話の中にボケやツッコミの応酬が繰り出され、フリ、ボケ、ツッコミ、ノリツッコミ等の技を即興で次々繰り出しながら会話が進んでいく様子がよく見られる。一種の会話のストリートファイターの様相を呈していると言っても過言ではない。

しかしこのようなノリのよさが持つ負の側面についても、小林氏と澤村氏は指摘している。

ただ、それ以外の地域、例えば東北方言を取り上げてみると、そうした非演出的な性格は、東京方言に輪をかけて強く現れるのではないかと想像される。例えば、東日本大震災の被災地支援のために全国から大勢のボランティアが東北に集まったが、関西弁を話すボランティアに対しては警戒心を抱いて口を開かない被災者がいたという。おそらく、自己演出が苦手な東北人は、関西人の言葉によるサービスを「調子のよさ」と勘違いしてしまう節があったのではなかろうか。このエピソードには、東北人と関西人とが抱く、会話の演出性に対する好悪の感覚の違いが関わっているのかもしれない。

（小林隆・澤村美幸『ものの言いかた西東』）

さきに挙げた、福山市からきた小学生の新聞投書もそうだったが、大阪人の会話のノリは、しばしば他の地方の人々を戸惑わせ、不信感すら抱かせることがある。また、大阪弁によるツッコミは「なんでやねん」「やめなさい」等、かなりきつい表現が多く、冗談のつもりで使っても、慣れない人が聞くとドキッとされることもある。さらに、「知らんけど」

という関西人の口癖に対する、他府県の人々の戸惑いも、その一つであろう。

一方で、関西圏外の人々も、大阪人、関西人のノリのよい会話術に憧れる気持ちもあり、それは若い人ほどそうであるらしい。この点について次章で掘り下げていく。

この章のまとめ

本章では、大阪人のコミュニケーションスタイルについて次のようなことを述べた。

関西人（とくに大阪人）は、日常の会話の中で、「正しさ」とともに（あるいはそれ以上に）「楽しさ」を求める傾向がある。

また、関西では、「ボケ」と「ツッコミ」という、主に漫才で用いられる概念も、日常会話の中で盛んに参照され、応用されている。つまり、このようなコミュニケーションスタイルを発達させてきた様子は、関西の芸能の歴史をたどることでもよく分かるのである。

ただし関西人のコミュニケーションスタイルは、他地方（たとえば東北地方）の人の目から見ると、「調子がよすぎる」「きつい」等と受け取られ、警戒される場合もあるということが指摘されている。次章では、関西外の日本語話者が関西弁を取り入れることについての実態と、その理由について考察したい。

コラム6

「自分」って誰？――自称詞と対称詞にまたがる代名詞

関西弁でよく用いられる自称詞としては、「ぼく（男）」「おれ（男）」「うち（女）」「自分（男中心）」「△わし（男）」「＊わい（男）」「＊わて（男女）」「＊わたい（男女）」「＊あて（女）」等がある。

括弧内は主たる使用者の性別で、＊を付したのは、リアルな話者が口にすることがほとんどなくなったもので、△を付した「わし」は六〇代以上の高齢者に限り用いられるものである。また対称詞としては、「あなた（男女）」「あんた（男女）」「きみ（男中心）」「おまえ（男）」「おたく（男女）」「自分（男女）」「われ（男）」「＊おまはん（男女）」「＊あんさん（男女）」等がある。

ここで、自称と対称の両方に出てくる、「自分」に着目したい。自称詞の「自分」はいわゆる「反照代名詞」の一種であるが、反照代名詞と自称詞は古来、通じ合う面を持っていた。反照代名詞とは、文の主語が指し示す対象と同じものを指し示す代名詞の一種で、英語で言えば「myself」「yourself」のような、いわゆるself代名詞に当たるものである。

例えば「我と我が身」の「我」は反照代名詞的な用法である。「自分」は旧帝国陸軍で兵卒が上官に対して話すとき、「私」とか「僕」ではなく「自分」を使うことを求められたことがよく知られている。この場合、上官の前でかしこまって自分自身を指示すのに用いられる訳であるが、関西弁の自称詞の自分も、目上から同等ぐらいの相手に対して用いるのが普通である。関西外でも、たとえば首都圏では一般の若い男性に使用者が広がっているようである。

対称詞の「自分」は、『辞典〈新しい日本語〉』によると、「関西で中年以下に多い」「東海道沿線の各地にも散在」「西日本各地に散在、新潟付近や首都圏にも散在」「山梨県では古くからからジブンを第二人称に使っていたという」と記載されている。また『大阪のことば地図』によれば、インフォーマルに相手を指し示す際に用いるとして、阪南市に一例用例が挙げられていた。若い人中心に使用が見られ、またインフォーマルな会話での使用が中心、かつ大阪でも地理的な制限はあるようである。

大阪では、目上の相手に用いられることはないと考えていいだろう。大阪弁話者の語感としては、相手の心中にずかずかと踏み込んでくる印象がある。タレントでは、笑福亭鶴瓶師匠がよく用いると、タレントの島崎和歌子氏が証言している（石毛直道ほか『勝手に関西世界遺産』）。

自称と対称の両方に「自分」が現れるのでは混乱しそうであるが、自称詞としてはかしこまりモード中心、対称詞としてはくつろぎモード中心なので、案外紛れることはない。なお、対称詞の「われ」は大変ガラの悪い印象があるが、先ほどの対称詞の「自分」と一部、地域が重なる。「我」は自称詞と反照代名詞に用いられるのであると述べたが、反照代名詞を軸として、自称詞と対称詞は連続していくのである。

つまり、反照代名詞は「（誰かにとって）自分自身」という意味なので、この「誰か」の部分には一人称も二人称も入ることができるということである。例えば「我」は「自称詞―反照代名詞」の両方の用法を持っているが、反照代名詞の用法を通じて、大阪方言では対称詞の用法を得ている。こうして「自分」は、「自称詞―反照代名詞―対称詞」のすべての用法を獲得したわけである。

第七章

日本語話者はなぜ大阪弁に魅せられるのか

——ポストモダン化する日本語話者

在阪アナウンサーの思い

某在阪準キー局に勤務するアナウンサー、N・Y氏（男性・五三歳）にインタビューをお願いしたのは、二〇二四年も押し詰まった一二月、梅田のカフェであった。

N氏は岡山県岡山市出身で、大阪大学法学部に進学、同大学を卒業後、現在の放送局にテレビ・ラジオのアナウンサーとして採用され、現在に至る。郷里に帰れば岡山方言の話者であるが、放送の仕事の中では、巧みな関西弁を操ることも多い。家庭に帰れば、奥さんと三人のお子さんはすべて生粋の関西弁話者である。関西外の出身者として、関西弁・大阪弁に対する思いを聞いてみた。

――大学に入学して、関西弁に触れたときの感想はいかがでしたか。

岡山では吉本新喜劇や、漫才、落語などで関西弁には馴染んでいましたが、大阪に来て、子どもから主婦から老人から、みんな関西弁を話していることに新鮮な驚きを感じました。関西弁って、お笑いのことばだと勝手に思い込んでいたんですね。そうではなくて、市民の生活のことばなんだと、しみじみ思いました。

――大学生活の中で、関西弁や関西的なコミュニケーションにはどのように接してい

ましたか。

岡山では気付かなかった、「なおす」「いちびり」「へたれ」「ええかっこしい」「うれしがり」等の関西独特の単語のニュアンスが分からず、戸惑いました。また、友人に会話の中で「オチ」を求められて、うっとうしいなあと思うことがしばしばありました。しかしそれなりに、関西弁には馴染んでいったとは思います。

――在阪の放送局に就職されたわけですが、お仕事の中で、関西弁とはどのように向き合っておられましたか。

先輩からは、「無理して関西弁を話さなくてもいいよ」と言われることのほうが多かったと思います。でもＣＭの収録などでは、「関西アクセントでお願いします」と注文が付くこともあって、必要に迫られて使ってみる、ということはしばしばありました。また、特にラジオの番組などでは、親密な雰囲気での語りが求められるので、そんなときに関西弁はコミュニケーションツールとして大変便利だなあと思わされます。

――今では、いっぱしの関西弁話者ですよね。

後輩のアナウンサーなどからは、「Ｎさんの関西弁、まあまあうまいね」と言われることもあります。また帰省したときに、家族に「ちゃうちゃうちゃうんちゃう？」を正しいアクセントで披露すると、「お前もすっかり関西人じゃなあ」と感心されました（笑）（コラム1参照）。でも、自己採点するとしたら、自分の関西弁は六五点、かろうじて及第点ぐらいじゃないかなと思っています。

――改めて、関西弁に対する思いをお聞かせください。

自分も関西の暮らしが長くなり、大学入学当時の新鮮な驚きを感じることはなくなりました。他の方言と同様、関西弁自体も、希薄化しているのではないかと感じることもあります。

しかし、やはり関西弁のコミュニケーションには独特の細やかさがあるなあと改めて思います。先ほどあげた「いちびり」や「ええかっこしい」「うれしがり」等にしても、人のことを評価する表現がたくさんあって、どれも貶《けな》しながらも愛があるという気がします。岡山では「たーけ」「あんごー」「あほ」「ばか」等使いはしますが、かなりきつい印象を与えます。人と人との距離感を表現する手段が豊かな言語だと思いますねえ。

――距離感と言えば、関西人の距離の取り方を近いと感じることはありますか。

関西を出て街頭インタビューをすると、そのことはよく感じますね。関西でも、街頭で話しかけて足を止めてくれる人は一〇人中二人か三人くらいではありますが、関西外に行くと、ほんとうに難しいです。「忙しいので」とか「私より他の人を」とか、足早に逃げていく人も多いんです。関西では、向こうのほうから「今日は、何？」と寄って来られる方もいらっしゃいますし。特に大阪では、本当に楽させてもらってます。

——**ありがとうございました。**

N氏の場合は、関西の外から大阪に来て職を得て、仕事の中で関西弁を使う（こともある）という特殊なケースなのではあるが、いくつか貴重な発言があった。それは、次のような点である。

・関西外の日本語話者にとって、関西弁＝お笑いのことばという認識を持ちがちで、市民の生活言語であるとの認識が得られにくい。
・関西の放送の仕事では、関西アクセントを求められることがしばしばある。
・関西弁は親密な語りかけに向いたコミュニケーションツールである。

・いろいろなニュアンスに富んだ貶し言葉が多数あり、悪態にも愛がある。
・「ボケ」「ツッコミ」「オチ」等のお笑いテクニックを日常的に求める人も確かにいて、煩わしいと感じることがある。
・関西では人と人との距離感が近い。

こういったあたりの感想は、本書のこれまでの考察を裏付ける証言にもなるし、関西外の日本語話者が関西弁に魅せられる要素にもなりそうだ。逆に、関西外の日本語話者から疎《うと》んじられる面でもあるだろう。これら点を手がかりに、関西外の日本語話者の、関西弁に対する眼差しや態度について、改めて考えてみよう。

他方言を受け入れる二つの動機

ある方言Aの話者が、他方言Bの表現を取り入れる動機は、大きくまとめると二つになる。一つは、Bの表現を取り入れることで、新しい知識が増え、産業が栄え、経済が活性化し、場合によっては軍隊が強くなるなど、いわば近代的な価値が得られるというものである。これを近代的な力による言語変化と名づけよう。

その典型的な現象は、Bがいわゆる標準語である場合で、つまり明治時代以降進行してきた、標準語化・共通語化の流れである。日本のすべての方言において、濃淡はさまざまであるにせよ、この流れから免れている方言は存在しないと言ってもよい。

これに対してもう一つは、近代的な力によっては説明がしにくい変化である。それは「おもしろい」「かわいい」「なつかしい」「素朴で心惹かれる」といった動機に支えられた方言の受容である。これを、ポスト近代的な価値に基づく言語変化と名づけよう。これは「方言コスプレ」といった現象と深く関連付けられる（田中ゆかり『「方言コスプレ」の時代』）。例えば、東京の話者が、話し相手の冗談に対し「なんでやねん」と関西風のツッコミを返したり、単位が足りない学生が友達にノートを借りようとして「おねげえでございますだ」と田舎の農民ふうに頼み込んだりするような場面にそれが現れている。

またこの表現の受け入れは、田中ゆかり氏の言う「ヴァーチャル方言」とも関連する。ドラマ、アニメ等のフィクションに現れる方言風の表現は、リアルに生活の場で用いられる方言そのままではなく、何かしら改編が加えられている。これをヴァーチャル方言というわけであるが、第五章でも紹介したように、ヴァーチャル方言には「地域用法」と「キャラ用法」の二種類がある。

地域用法は、例えば高知県を舞台にして展開されるドラマであれば、そのことを視聴者に知らせるために登場人物に土佐方言を話させるというような場合の用法である。これに対し、キャラ用法は、ドラマの場所に関わりなく、進取の気性に富んでいて、時代を切り拓いていくような登場人物に土佐弁を話させて、坂本竜馬のキャラクターを彷彿とさせる、といった用法である。「方言コスプレ」とはつまり、キャラ用法のヴァーチャル方言を日常で用いることで、方言キャラを会話の中に繰り出していく行為であると考えることができる。

このキャラ用法のヴァーチャル方言は、江戸っ子キャラや悪代官キャラ、また外国人キャラの繰り出しなど、さまざまなキャラクターの表現と横並びで存在しており、いわゆるオタク的な言語表現と繋がっているとも言える。

関西の外の話者が関西弁を取り入れたり、まねたりする動機付けには、後者のポスト近代的な価値に基づく動機付けが多そうであるが、その前に今一度、関西方言と標準語の関係について整理しておこう。

上方由来の挨拶言葉

関西弁は江戸時代には上方ことばと呼ばれ、さらにそれ以前はむしろ中央語として、もっとも威信の高い言語であった。「万葉集」、「源氏物語」、「平家物語」、能狂言といった古典の言語は、実はすべて関西弁の祖先によって書かれていたと言ってもよいのである。

それ故に、関西弁に繋がる音韻や語法は、古典の世界からずっと連続していると言える。たとえば、「知らん」の「ん」は古語の打ち消しの助動詞「ず」の連体形「ぬ」から来ているし、「よう言わんわ」の「よう」のような形容詞「よく」のウ音便等は、平安時代にまでさかのぼる表現の延長上にある。

これに対して、現在の標準語（全国共通語）は、音韻や語法の面で、東京の方言の影響を強く受けている。「知らない」「よく分からない」のように、打ち消しは「ない」を用い、また形容詞の連用形はウ音便ではなく、「〜く」の形を用いる。

ところが、挨拶言葉の「おめでとうございます」「おはようございます」では、「おめでとう」「おはよう」のように、ウ音便の表現が例外的に出てくる。これらは、標準語における上方ことば由来の、関西弁取り込みの古層であると言える。言葉の上での礼儀作法が多く、上方由来であるところからきている現象であるが、こうした表現が、上方由来であることを知りながら使っている人は、おそらくほとんど存在しないだろう。

また少し視点は異なるが、役割語における老人語「わしは知っておるんじゃ」のような表現は、江戸時代の上方ことばに起源を持つということを、拙著『ヴァーチャル日本語 役割語の謎』では指摘している。

関西弁取り込みの新層と新古層

一方で、「なんでやねん」「知らんけど」等、いかにも関西弁らしい表現を関東圏や他地方の人が使っているとしたら、それは関西弁取り込みの新層であると言える。

新層に属する表現でも、それが関西由来であることがほとんど意識されなくなった表現もある。たとえば、自称詞の「うち」「うちら」等である。「うちら」は「ギャル語」として取り上げられることも多いが、関東圏ではすでに普通の若者語（特に女子のくつろいだ場面での自称詞）に取り込まれ、関西弁由来であるということはほぼ忘れられている。このように、もともと新層でありながら、その土地の言葉に馴染んでしまった語彙項目は、「新古層」と言ってもよい。

また一旦取り入れられながら、捨てられてしまった表現もある。捨てられたか、生き残っているか、新しい共通語に組み入れられつつあるかは、語彙項目によってさまざまであり、また地域によってもさまざまである。たとえば「御飯をヨソウ」「蚊にカマレル」「パーマをアテル」「マッタリ」「メッチャ」「コテコテ」「ドンクサイ」のような語彙項目は全国のさまざまな地域で、関西弁と意識しつつ、あるいは無意識のうちに使用されているようである（「ドンクサイ」については後述する）。

それにしても、新層の供給源として、関西方言が未だに強い影響力を持ち続けているのは、関西独特の個性とパワーがポスト近代的な価値を発揮し続けているからである。この点について、先行研究の意見を聞いてみよう。

大阪弁のポストモダン性

陣内正敬氏と友定賢治氏の共編による『関西方言の広がりとコミュニケーションの行方』という本は、編者による二〇〇〇年代初頭までの調査と共同研究に基づく、関西方言の諸地域への影響の度合いと、日本全体のコミュニケーションスタイルの変動を結び付けて論じた研究書である。

共通のアンケート・フォームを用いての、主として関西由来の単語（語彙項目）の認知度や、標準語・関西方言への好感度等を調べて、各地点での調査結果をまとめている。その地点とは、那覇、福岡、高知、広島、鳥取県三地点、奈良、名古屋、東京、札幌である。この調査によると、東京や札幌は関西弁の取り込みへの意欲が高く、広島はもっとも低い値がでている。しかしながら、全体に若い話者ほど関西弁への好感度が高く、表現を取り入れる度合いも高いことが明らかとなった。

この傾向に対して、陣内氏は、もともと大阪弁には「ポストモダン性」があり、日本語話者全体がポストモダン的なコミュニケーションスタイルを好む方向に変化しているのだと分析し、次のように述べている。

それではなぜ今、関西（大阪）弁ないし関西（大阪）的コミュニケーションが若者中心に人気を博し全国へ広まっているのであろうか。その要因として次の4つが考えられる。

（1）そもそも非標準変種としての方言という存在そのものが、現在のポストモダン時代にはその価値を認められるものであり、その中で関西弁はすでにその認知度が飛び抜けていることから諸方言のリーダーとなる資格を備えていた。

（2）日本社会が儒教型社会からアメリカ型社会へ移行しつつあるということは、礼節や建前よりはフレンドリーさや素直さが重視されつつあるということであり、関西コミュニケーションの対人的「距離の近さ」（尾上　一九九九など）が時代のニーズに合致している。

（3）大阪は「口の文化」（井上　一九九九）であり、これがレジャー時代、消費時代に合っている。大阪は商いの都としてお客へのサービスや売買双方の交渉が重要であり、その手段として言葉によるコミュニケーションが発達した。モダニズム時代においてはものづくり中心の職人文化であったものが、高度経済成長以降の大衆消費ポストモダン社会においてはサービス文化、商い文化となり、おもしろさや楽しさの資質を備えている大阪流が重宝される。

（4）俗に大阪は「型くずし」文化といわれる。ちなみに京都は「型まもり」文化、神戸は「型つくり」文化である。ポストモダン社会の持つ文化は「型くずし」である。常識とか型通りを嫌い、意外性を好む（尾上　一九九九）大阪の文化が脱規範時代の日本語にぴったり当てはまるのである。

（陣内正敬「関西弁の広がりと日本語のポストモダン」）

ここでいうポストモダンとは、近代に確立された、発展的・進歩的な価値感をくずし、遊びや笑いによって従来の秩序の転倒に価値を見いだす精神をさす。

このようなコミュニケーションスタイルの変化を主導したのが、「団塊ジュニア世代」だとし、「団塊ジュニア世代の人生観は、一言で言えば「楽しく」生きることである」ともしている。「正しさも大事だが楽しさも大事」とする大阪人のコミュニケーション観は、まさしく団塊ジュニア世代の価値観にぴったりと当てはまるということである。

この世代が一〇代にさしかかったころに「マンザイ・ブーム」があり、関西弁・大阪弁の国民イメージが大きく好転したとされる（後藤早貴「漫画における関西弁の特徴と役割」）。団塊ジュニア世代を準備する世代が日本語話者のコミュニケーションスタイルの変動に連動して番組を作り、そこに団塊ジュニア世代がはまったということであろう。

テレビが広めた関西弁「どんくさい」

関西準キー局の朝日放送で、「ラブアタック！」「探偵！ ナイトスクープ」等の名物番組を次々と仕掛けた有名プロデューサーの松本修氏は、関西発祥でかつテレビがその普及に大きな力となった語彙項目を集めて、『「お笑い」日本語革命』という本を出した。これは後に、『どんくさいおかんがキレるみたいな。』という文庫本となった。

この本の中で特に松本氏が関わった「どんくさい」の項目が興味深い。松本氏制作の「ラブアタック！」が全国放送をスタートさせたのが一九七五年。これは、視聴者参加番組で、「かぐや姫」と呼ばれる女子大学生への求愛権を賭けて、男子大学生たちがゲームに挑むという趣向となっている。

せっかくの全国放送なので、松本氏はぜひ「ラブアタック！」を通じて関西弁の単語を全国に流行らせたいと考えた。その候補が「どんくさい」であった。それが一九七九年のことである。この狙いは当たり、一九八〇年には「どんくさい」が『現代用語の基礎知識』の「若者用語の解説」に掲載されたのである。一九八〇年と言えば「ザ・マンザイ」放送によってマンザイ・ブームが到来したと言われるちょうどその時期である。

その後、松本氏の耳には「どんくさい」が流行っているという情報も届かなかったのであるが、一九九三年頃、「どんくさい」が東京弁になっていると、知り合いのテレビマンから教えられたという。

それが決定的となったのは、二〇〇一年に公開されたジブリアニメ『千と千尋の神隠し』であった。この映画の中で、リンという少女が、主人公の千に向かって複数回、「どんくさい」という単語を使っていた。仕掛け人としてのテレビ制作者の狙いがまんまとはまり、関西弁が全国区の流行語となり、そしてやがて若者を中心に、その使用語彙の中に溶け込んでいったのである。

最新層の表現――「知らんけど」を掘り起こす

関西由来で関西外の人が使っている最新層の表現には、例えば「ちゃうねん」「ゆうて」「知らんけど」といったものがある。

この中で特に「知らんけど」は、二〇二二年一二月、「ユーキャン新語・流行語大賞」のトップ一〇入りし、話題となった。それ以前からTwitter（現在のX）で言及したり、用いたりする人が徐々に増加していたのだが、このイベントで「知らんけど」の知名度はネットの世界を飛び出し、多くの日本語話者の知るところとなった。「知らんけど」が全国的な話題になるまでの足跡を、時系列で推測してみると、おおよそ次のようになる。

・二〇一〇年頃まで――揺籃期

関西人が普通に会話の中で気づきもせずに使っていた。

・二〇一〇年代〜二〇一八年頃──成長期

ネットで話題となり、使ってみる人も出てきた。私がTwitterで見つけた一番古い投稿は、次のようなものである。

あっかちゃん「関西人が語尾につける「知らんけど」はただ無責任なだけではなくて、「(その前にくる意見は)あくまで私個人の見解ですよ　真実かどうかはまぁ　知らんけど」ていう意味なのでただ単に投げっぱなしな訳ではないのです　知らんけど」(二〇一二年一一月二六日)。

なお、このユーザーは既にアカウントを削除している。私が確認したときには、4484リツイート、1243いいねが付いていた。

また、大阪出身の芥川賞作家の柴崎友香《ともか》氏のエッセー集『よう知らんけど日記』が二〇一三年に出版されていることは注目される。序文には、「東京で暮らす小説家が、大阪弁でぼちぼち綴ります。日々のあれこれ。「よう知らんけど」は、関西人がさんざん全部見てきたかのようにしゃべったあと、「絶対にそうやって!……よう知らんけど」と付けるアレですよ。」とある。

BUZZmag、ツイナビ、ねとらぼ、ニコニコ大百科等のネットメディアで取り上げられ、ネットユーザーには次第になじみ深いフレーズとなりつつあった。

・二〇一八年~二〇二〇年――大手メディアに発見され、流行語認定

二〇一八年一〇月に、日向坂46 OFFICIAL WEB SITEで小坂菜緒さん(大阪府出身)が「知らんけど」について言及していた。小坂さんはブログのタイトルが長いことで知られているが、当該のブログのタイトルは、「昨日、家族と大阪弁について話をしてたんですけど、まぁ終始爆笑みたいな感じで、関西の人って話し始め「ちゃうねん」から始まるんですね、これは私も同じです。話の終わりは「知らんけど」これもよく使います。つまり大阪弁は関東人には理解するのに時間がかかるのではないかと思います。知らんけど」であった。

同年、「J-CAST ニュース」で、また二〇一九年には「excite ニュース」で取り上げ

られた。二〇一九年の読売テレビ開局六〇年「す・またん！」一〇周年プレゼンツのイベント名が、『関西やってみなはれ博覧会〜知らんけど〜』であった。また同じ年、MBSテレビ「コトノハ図鑑」という番組で、「〝知らんけど〟徹底調査◆関西人なら使う！でも他府県の人には謎!?」という内容が放送された（筆者も協力）。二〇二〇年には「日本経済新聞」が特集記事を組み、「日刊 SPA!」が記事を掲載した。

・二〇二一年〜二〇二四年——流行語ランキング入り続く

二〇二一年には、「かまいたちの知らんけど」というバラエティ番組が放送され、二〇二二年にはジャニーズ WEST（現在の WEST.）が「しらんけど」という楽曲を発表した。こういった出来事に後押しされたか、二〇二一年「@DIME」一〇代女子が日常生活で使っている流行語トップ三で、「知らんけど」が二位にランクインした。

そして二〇二二年、ユーキャン新語・流行語大賞で「知らんけど」がトップ一〇入りし、二〇二四年には、ギャル流行語に関するアンケートを基にした egg 流行語大賞二〇二四の三位にランクインした。

このように、「知らんけど」はまずネットユーザーによって見いだされ、ネット社会の中で反響を広げていくうちに、大手メディアの感知するところとなり、ネットを飛び出して国民的な流行語へと広がっていったという過程があったことが分かる。

ネットでまず広まった理由の一つには、それが文字による「打ちことば」の表現であったことが挙げられる。文字であるからこそ、関西アクセントの難しい発音を回避できたことで、若い世代へ波及したのだと思われる（田中ゆかり『「方言コスプレ」の時代』）。

「知らんけど」はなぜ受けるか

そもそも、「知らんけど」は関西人が特に気にすることなく、日常的に使っていた表現である。もともとは柴崎友香氏の書名にもあるように、「よう知らんけど」というフレーズがあって、それが縮約されて「知らんけど」になったのである。「私、よく知らないんだけど、～らしいよ」といった話し方は特に関西人でなくても使う言い回しではないだろうか。

ただ、その使用頻度が関西人は特に高く、また言いたいことを言ったあとで「知らんけど」と付け足す感じが標準語や他所の方言にはなく、この語順（本文を言ったあとで付け足す）が特に人を食ったような、不遜な態度を聞き手に感じさせるのである。

関西人といえど、まったく知らないことを口から出任せに言っているわけではない。しかし、関西外の人には、まずそのような印象を与えてしまうので、驚きや戸惑いの気持ちとともにワードとして切り取られ、ネットを起点として話題化していったわけだ。

なぜ関西人がこのフレーズを好むかと言えば、「正しく話す」か、「楽しく話す」かの比率のバランスが他所《よそ》と異なるせいであろう。「〇〇（かもしれない）」という話題が、今展開されている会話の場に投入されれば、もっと場が盛り上がるだろうと思うと、関西人は多少の信憑性《しんぴょうせい》を犠牲にしても、発話してしまうのである。第一章でも触れたとおり、「知らんけど」が「ん」を含む、リズミカルなフレーズであることも重要である。

この「正しさ」に対する軽いノリが、全国的に容認されつつあるが故に、「知らんけど」が流行語化したということなのだ。

エセ関西弁の破壊力

ここまでは、単語（語彙項目）やフレーズの取り込みというレベルに留まる関西方言の受容であったが、さらに徹底して発話全体を関西弁風にしてしまうという表現もある。それはしばしば「エセ関西弁」あるいは「エセ大阪弁」と言われる。この「エセ〇〇弁」という表現は、圧倒的に関西弁、大阪弁に偏っているようだ。ざっくりとした調査にはなるが、Yahoo! JAPANのネット検索で、いろいろな「エセ○○弁」のヒット数を比べてみよう（二〇二五年一月一日現在）。

・「エセ関西弁」　約６７４０００件
・「エセ大阪弁」　約３４２０００件
・「エセ京都弁」　約１３５０００件
・「エセ標準語」　約５８３００件
・「エセ沖縄弁」　約４６６００件
・「エセ東北弁」　約２３８００件

ネットの世界では、エセ関西弁と言えば、「なんJ」という2ちゃんねる（現在の5ちゃんねる）に出てくる「やきう民」「猛虎《もうこ》弁」と呼ばれる投稿スタイルが有名である。

野球実況の際に、阪神ファンらしき投稿者がエセ関西弁をあやつって書き込みをするのだが、特に「ワイ」という自称詞が特徴的で、この「ワイ〜や」というスタイルが一人歩きするようになった。ピクシブ百科事典の「なんＪ」によれば、二〇〇五年頃からこういったスタイルが目立つようになり、二〇〇九年以降、盛期を迎え、二〇一〇年、増加期に入り、やがて混乱期に入ったとする。

2ちゃんねるの投稿をまとめてYouTubeにアップし、自動音声で読み上げを付けた「伝説のニキ【2ch面白いスレ】」というチャンネルがあるが、そこでこの猛虎弁風の「ワイ〜や」というスタイルが多用されている（左の例では「ワイ〜よ」となっているが）。内容の多くは、ニート生活を送る若者が引き起こしたトラブルを赤裸々に語るものである。

二〇二〇年五月　ニートワイ㉟　令和で初めて一階に降りたら誰も住んでる形跡が無かったｗｗ

ワイ「これどうすればええの？」

――孤独○すればええんやで

ワイ「冗談やめろやカス」

――パッパとマッマはどうした？

ワイ「二人の姿を探したけどどこにもいなかった／ワイもともと二階でずっと過ごし

てて、飯やらなんやらはマッマが運んでくれてたんよ／令和になったとかいっても興味ないし、ずっと部屋でのんびりしてたら／ある日をさかいに飯が運ばれてこなくなった（後略）」

これらのエセ関西弁がもてはやされるのは、やはり関西弁が持つ、遠慮のなさ、あからさまさである。品がない、と言ってもいいかもしれない。恰好を付ける、体裁を取り繕うといった風もないところが、関西弁風の語りにマッチしていると感じさせるのである。

村上春樹作品のエセ関西弁

村上春樹の短編小説集『女のいない男たち』（二〇一四年）に、「イエスタデイ」という作品が収録されている。「僕」の友人の木樽は、東京・田園調布《でんえんちょうふ》の生まれ・育ちであるにもかかわらず、阪神タイガースのファンであるがゆえに大阪弁を自力でマスターした男として描かれている。逆に、「僕」は、関西の生まれであるにもかかわらず、東京に出てきて一ヶ月で東京の言葉に変わってしまう。

「僕」は関西から東京に出て関西弁を捨てたという、作者の分身であるとすると、木樽は

「僕」とまったく逆のベクトルをたどった人物として提示されている。しかも「阪神ファン」である点が注目される。

「おれは子供の頃から熱狂的な阪神タイガースのファンでな、東京で阪神の試合があったらよう見に行ってたんやけど、縦縞のユニフォーム着て外野の応援席に行っても、東京弁しゃべってたら、みんなぜんぜん相手にしてくれへんねん。そのコミュニティーに入れへんわけや。それで、こら関西弁習わなあかんわ思て、それこそ血の滲むような苦労をして勉学に励んだわけや」

「それだけの動機で関西弁を身につけた？」と僕はあきれて尋ねた。

「そうや。それくらいおれにとっては、阪神タイガースがすべてやったんや。それ以来、学校でも家でもいっさい関西弁しかしゃべらんことにしてる。寝言かて関西弁や」と木樽は言った。「どや、おれの関西弁はほぼ完璧やろ？」

「たしかに関西の出身者としか思えない」と僕は言った。「ただそれは阪神間の関西弁じゃないよね。大阪市内の、それもかなりディープな地域のしゃべり方だ」

「おお、ようわかっとるな。高校の夏休みに、大阪の天王寺区にしばらくホームステイしとったんや。おもろいとこやったぞ。動物園にも歩いていけたしな」

（村上春樹「イエスタデイ」）

さきほど述べた、2ちゃんねるの「やきう民」の猛虎弁は、阪神ファンのラテン的なノリを表現するために採用されたエセ関西弁であった。木樽はまさしく、阪神タイガースの熱烈ファンであり続けるために、究極のエセ関西弁話者になったわけである。ただしエセ関西弁と言っても、作者は関西出身であるので、その関西弁はほぼネイティブに近いものであるのだが。

この章のまとめ

本章では、次のようなことを述べた。

他地域の話者が関西方言を会話や打ち込み文書に取り入れる場合、その新旧によって、「古層」「新層」「新古層」などと分けられる。古層は、近世以前の都ことば、あるいは上方語の勢力によって全国に広まった語彙項目である。新層は近代以降、関西方言（とくに大阪弁）の流行により広まった語彙項目であるが、新層として取り入れながらその起源が忘れられたものは「新古層」と言える。

「どんくさい」「知らんけど」「ゆうて」等の最新層の語彙項目が受け入れられつつあるのは、関西弁話者の、正しさとともに楽しさを重視する「ポスト近代」的なコミュニケーションスタイルが、日本全国の若者のコミュニケーションスタイルと同調していることの反映と考えられる。

かつての新層は、「どんくさい」に見られるように、テレビ等のマスメディア先導で広まったものが多かったが、今日の最新層の表現は、おそらくネットユーザーの使用が先導し、やがてオールドメディアにも広まっていった可能性がある。

さらに、語彙の受け入れと関連するが、他地域の話者による、「エセ関西弁」の運用も重要である。組織的な運用として、2ちゃんねるの「なんJ」関連の例や、村上春樹の小説に現れた例を見たが、これらは、関西弁・大阪弁が持つ、あけすけな本音の吐露に適しているという性質を利用しているのであろう。

コラム7

ゆうた、しもた、こうた、わろた——全国化する関西弁

「笑う」という動詞は、「笑わない・笑います・笑う・笑えば・笑おう」のように活用するので、学校文法では「アワ行五段活用」と呼ばれる。平安時代ならば、「笑はず・笑ひたり・笑ふ・笑へば」となるので、ハ行四段活用だった。この活用をする動詞には、「言う」「仕舞う」「ふるまう」「買う」「もらう」「味わう」等の多くの項目が含まれる。

このアワ行五段活用動詞に「た」や「て」が付くと、「笑った・笑って」「言った・言って」のように、促音便になる。これに対し、西日本の広い地域では、「笑うた・笑うて」「言うた・言うて」のように、ウ音便となる。さらに関西弁の広い地域で、四拍ウ音便動詞が縮約されて、三拍に発音されるという現象が見られる。

笑う＋た　→　ワロータ　→　ワロタ

仕舞う＋た　↓　シモータ　↓　シモタ
払う＋た　↓　ハロータ　↓　ハロタ

だから、「笑ってしまった」は「わろてしもた」になるのだが、これがさらに短くなって「わろてもた」となる。

うがいした水、飲んでもて、自分でわろてもたわ

などとなるのである。

2ちゃんねる（現在の5ちゃんねる）のネット・スラングで、「ワロタ」「クソワロタ」などという表現がよく出てくるが、これは右のようなプロセスでできた関西弁の表現から来ている。

また、若者ことばつながりで言うと、東京の人でも、

ウチの車、ぼろいけど、ゆうてベンツだからそこそこ馬力はあんのよ

のような「ゆうて」の使い方をする人が最近多いが、これは標準語で「(そうは) 言っても」に当たる表現であり、「言うて」なのである (私がYouTubeで確認したところでは、音楽ユニットCHARAN-PO-RANTANの「小春」や、野食ハンター「茸本朗」が使っていた)。

関西では「ゆうても」と「も」を付けることが多いが、流行しているのは「ゆうて」という「も」のない言い方が主流のようである。

おわりに

本書で述べてきたことを振り返りつつ、各章の内容の関連についても考えたいと思います。

第一章、第二章では、リズム、メロディーといった外形的・音声的な面から、大阪弁・関西弁の特徴を探ってきました。

オノマトペ、繰り返し表現、「ん」の多用、そして関西アクセントによって、大阪弁・関西弁は、リズミカルで、メロディアスで、音楽性豊かな言語であるということを示しました(ただし、関西アクセントのメロディアスな特徴は、他地方の話者が容易に真似できない複雑さを作っているとも言えます)。このような音声的な特徴は、大阪人・関西人のコミュニケーションスタイルととてもマッチしていることが分かります。

第三章、第四章では、大阪弁・関西弁の性格がどのような環境および歴史の中で生まれてきたかということを明らかにしました。

多彩な地理的変化に富む関西ではありますが、とりわけ、千年の都、山城国の京都は、古代より日本の政治・経済・文化を牽引してきました。その一方で大阪は、関西の中で大きく役割を変えてきたのです。

古代の半島状の上町台地には、海外文化をいち早く受け入れ、大化の改新が展開された難波宮がありましたが、一旦歴史の陰に埋もれたように見えました。しかし中世末には堺や石山本願寺が栄え、やがて豊臣秀吉によって上町台地の西側の湿地帯が商業地域として整備され、大商業都市、大阪（大坂）が立ち上がるのです。関西の活力が、摂津国の低湿地帯に流れ込み、活気ある都市を造り上げた、それが大阪と言えるでしょう。

江戸時代までの大阪のことばは、京都と合わせて「上方ことば」と呼ばれていましたが、幕末頃から大阪弁らしい大阪弁へと徐々に変化し、大正末期から昭和初期の「大大阪時代」に一つのピークを迎えたと考えられます。この頃の大阪弁は、「〜でんがな」「〜まんがな」に代表される、今日の「コテコテ大阪弁」に近いものと考えてよいでしょう。このコテコテ大阪弁がステレオタイプ化し、関西弁と言えばコテコテ大阪弁という固定観念が全国で共有されます。

一方で、明治二〇年代以降、東京を発信地とした標準語確立の動きや言文一致運動が進み、大阪弁・関西弁は「方言」の位置に置かれることとなりました。以後、多くの方言が標準語教育・方言撲滅運動の波に呑まれて弱体化していく中、大阪弁・関西弁は独自の道を進むこととなります。第二次世界大戦後、大阪は戦禍に見舞われて大きな打撃をうけますが、大阪弁はその姿を変えながらも、一定勢力を保ちつつ今日に至りました。

第五章では、前章の歴史的な観点を踏まえ、大阪弁・関西弁を使うキャラクターのイメージについて概観しました。

特に、標準語・東京語を基盤とした作品の中に現れる大阪弁・関西弁キャラクターを見ていきましたが、昭和と平成以降で大きな変化が見られました。前者では、ケチ・守銭奴、大食い、現実主義者、毒舌といったクセの強いキャラクターが目立っていました。ところが平成以降は、魅力ある美男・美女のキャラクターが増え、毒のあるキャラクターは減りました。

また、昭和時代から、大阪弁・関西弁キャラクターの用いることばはコテコテ大阪弁に近いものでしたが、平成以降はコテコテ大阪弁からもっと自然な関西弁まで、ヴァリエーションが増えました。キャラクターの幅が広がったと言えるでしょう。大阪弁・関西弁キャラクターの好感度が上がったのは、後に述べるように、全国規模で大阪弁・関西弁への好感度が高まったことと明らかに相関があるのです。

第六章では、大阪弁・関西弁キャラクターの基盤となった、大阪人・関西人のコミュニケーションスタイルについて考察しました。

いくつかの社会調査が示しているように、大阪人は会話において、正しさもさることながら、楽しさに対する配慮が他地方よりも高いことが示されています。これは、江戸時代以降の商都としての大阪の伝統と言えるでしょう。このコミュニケーションに対する考え方が、第一章、第二章で見た軽妙な会話の音楽性と相まって、独特の雰囲気を作り出しているのです。

またこの雰囲気は、落語や漫才、商業演劇等の芸能とも親和性の高いもので、芸能と大阪市民とは、互いに影響を与えながら切磋琢磨をしてきたとも言えます。街場がそのまま大阪弁話者のコミュニケーション術の鍛錬の場であり、大阪弁話者は常在戦場のストリートファイターでもあるのです。しかし一方で、このような独自のコミュニケーションの捉え方が、他地方では警戒され、忌避される面もあることを忘れてはいけません。

最終章の第七章では、他地方の日本語話者が大阪弁・関西弁をまねる現象について分析しました。

以前から関西方言が全国の日本語に影響を与えてきていることは、その文化的位置づけからして当然ではありますが、特に近年のそれは、日本語話者全体のコミュニケーションスタイルの変容ということと関連があるという分析を紹介しました。つまり、日本語話者全体が、会話の楽しさを重視し、遊戯性や演劇性を受け入れるようになってきているのです。それは、近代に構築された日本文化を切り崩すような、ポスト近代的変容とも言えます。全国的なコミュニケーションスタイルの変容は、団塊ジュニア世代が先導し、また八〇年代のマンザイ・ブームが画期となったと分析しました。

なお、関西弁ブームの媒体として、印刷やテレビといったオールドメディアに加えて、SNSなどのニューメディアが果たす役割は軽視できません。特にメールやインスタグラム、X等の「打ちことば」では、田中ゆかり氏の指摘のように、関西アクセントの複雑さを回避できるので、関西弁の模倣を容易にしていると言えます。

以上のような、言語とコミュニケーションの変容について、大阪・関西と全国を対比しながら図式化したのが図8－1です。

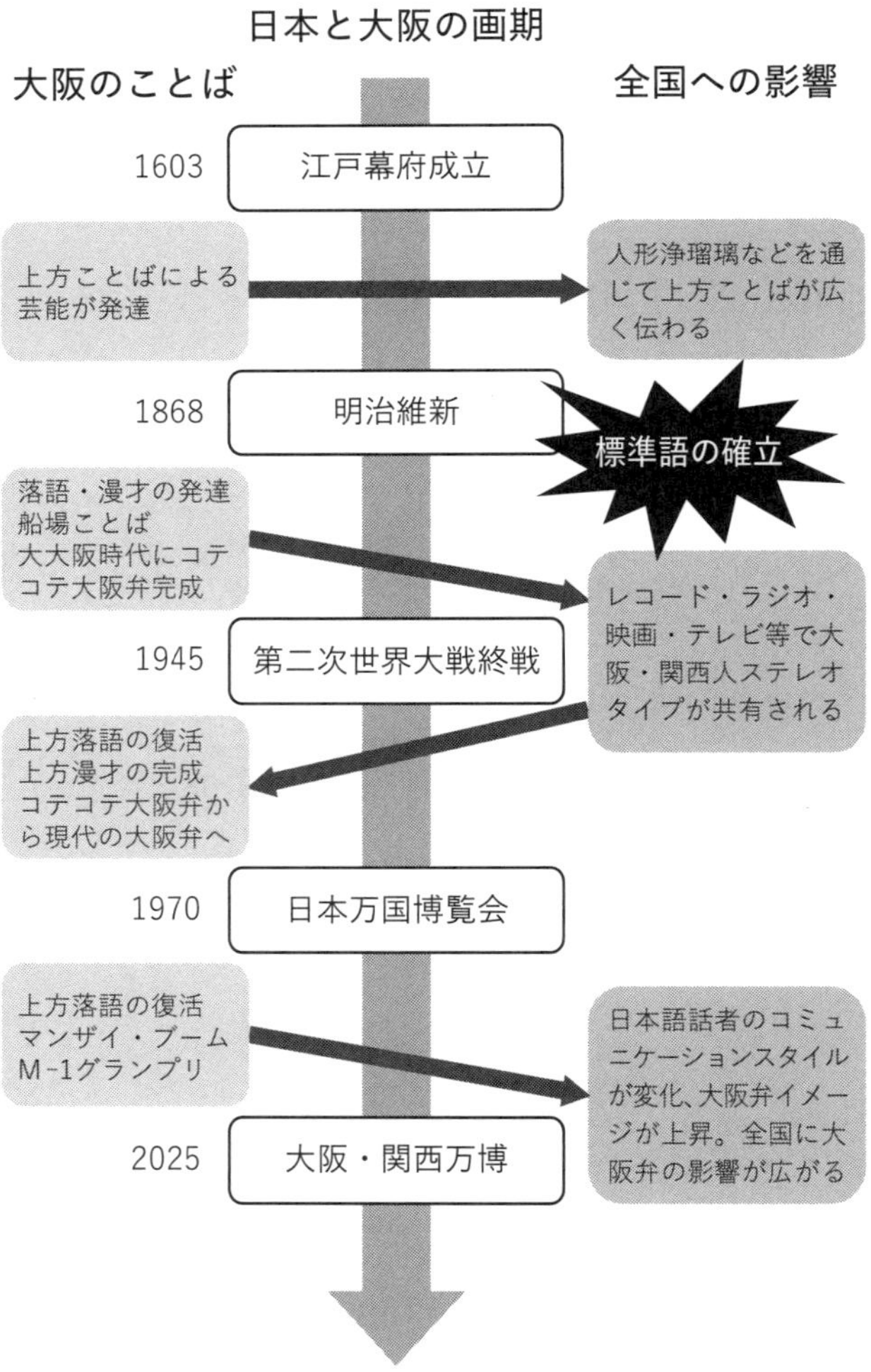

図8-1　大阪ことばの歩み

＊

さて、話は変わります。作家・村上春樹氏は、高校卒業後、兵庫県芦屋市の実家を出て早稲田大学に入学しました。東京に出てきていちばん驚いたことが、「僕の使う言葉が一週間のうちにほぼ完全に標準語——というか、つまり東京弁ですね——に変わってしまったことだった」とのことでした（村上春樹・安西水丸『村上朝日堂の逆襲』）。きっと村上氏は、耳がいいというか、言語の再現能力が高かったのでしょう。

経験的に言うと関西人は東京であろうがどこであろうが、ひたむきに関西弁を貫き通す人のほうがずっと多いという感触があります。「郷に入りては郷に従え」ならぬ、「郷に入りては関西にしてまえ」というわけです。

実はかくいう私も、東京で大学生になったときに、大阪弁と東京弁の違いにあまり悩むことなく、すぐに東京風に話し始めていました。分かる人には分かったと思いますが、「関西人？」と見抜かれることもほとんどなかったように思います。村上氏との違いは、彼がその後二度と故郷に住むことはなかったのに対し、私は八年後に関西に舞い戻ってきたという点です。

私の通っていた高校は大阪の進学校で、成績の上の生徒から大挙して京都大学に入学するのが普通でした。わざわざ東京に行こうというのはかなりの変わり者で、学年で八人しかいなかったと思います。しかも文学部志望というのは、あとにも先にもほとんど同類がいませんでした。

なぜ東京に行きたかったかというと、たぶん、大阪的なものに飽き飽きし、東京のキラキラした生活に憧れていたのだと思います。当時の大阪は、やぼったくて、猥雑で、高校生、というか、私の気持ちを沸き立たせるようなものはほとんどありませんでした。野球チームだって、「巨人の星」のファンだった私は、弱い阪神タイガースより読売ジャイアンツのほうが好きだったのです。また、当時流行っていた庄司薫《しょうじかおる》の『赤頭巾ちゃん気をつけて』（一九六九年芥川賞受賞作）を読んで、こんな生活がしてみたいなあ、と思ったのも東京を目指した理由でした。

では、なぜ私は関西に帰ってきたのでしょうか。その答えが、本書を書くことで少し分かった気がします。もちろん一つには、地方の下宿生にとって「薫ちゃん」みたいな優雅な東京生活は夢のまた夢という現実を突きつけられたということもあるのですが、やぼったくてダサい大阪と大阪弁は、私が東京に行っている間に、ずいぶんイメージチェンジをしていたのです。大阪弁は決してダサくない。むしろ、面白くてチャーミングな言葉だ。そんなふうに思えるように、日本の世の中の方が大きく変わっていました。いやあ、イメージって大事です。

本書の「はじめに」で、「駄談会」というトークイベントについて紹介しました。ある意味で、駄談会は大阪的なコミュニケーションをかなり純粋に楽しむことを目的とした、関西弁話者のための関西弁話者によるイベントであるように思います。芸能を鑑賞するのでもなく、何かの結論を求めて話し合うのでもなく、単なる世間話をしているのに、出演者も観客も、腹の底から笑い、心から楽しんでいます。ツカミ、オチ、ボケ、ツッコミといった、関西人のコミュニケーション技法が丁々発止で交わされますし、それは出演者同士だけでなく、観客と出演者の間でも交わされます。この会場の一体感は、他ではなかなか味わえないものだとしみじみ思います。ちょっと手前味噌な言いかたではありますが、文楽や上方落語や漫才や新喜劇とは違った、関西の新しい言語文化ではないかと思ったりもするわけです。

高校までの私と違って、今の私は大阪弁・関西弁を愛していると言ってもいいと思います。しかし、自分の言語を愛するのは、何も大阪人・関西人の特権という訳ではありません。

　むしろ、すべての言語は尊くて貴重な、人類の財産であると思うのです。自分のことばを分析することは、自分を愛し、自分の郷土を愛することに繋がると思います。生まれ故郷に戻って母語の大阪弁を話す生活をしていて思うのは、先ほど「イメージが大事」と言ったそばから矛盾するようですが、大阪弁は生活の言語であり、大阪人の生活が大阪弁の中に染みついているのです。それは、どの方言でも、どの言語でも変わらないはずです。一方言の大阪弁が力強く生き延びているのは、たまたま独特のイメージをブランドとしてつかみ得たからではありますが、そのブランド力を支えているのも、大阪人の生々しい活力なのでしょう。活力ある人々の生活が言語を育み、育てていくのです。

　人によっては、言語は生活や金儲けのための単なる道具であり、それならばむしろ方言はなくてよい、少数言語などというものは滅びて当然、という意見も時々見受けられます。しかし、それは言語と文化、ひいては人間存在そのものに対する軽視であり、そのような世界の先に人の幸福はありえないということを警告するのが、人文学の責務の一つではないかと思ったりもします。

　本書の執筆にあたっては、企画の段階から、田中ゆかり氏に貴重な助言をいただきました。方言研究に関しては素人に等しい私にとって、田中氏をはじめとする方言研究者の皆様の研究成果は多大な恩恵となりました（むろん、本書に誤りや分かりにくさがあったとすれば、それはすべて筆者の責任に帰着します）。また、仲野徹氏、西靖氏には、本書完成前からゲラ刷りにお目通しをいただき、貴重なコメントを頂戴しました。皆様に、心からの感謝を送ります。

最後に、SBクリエイティブ・学芸書籍編集部の藤井翔太さんへの感謝の言葉をもって本書を締めくくりたいと思います。怠惰な私にしては、本書は企画から脱稿までの間が極めて短かったほうで、自分をほめてあげたい気持ちがありますが、それもこれも藤井さんの熱心で力強い伴走があったからに他なりません。記して感謝いたします。藤井さんもまた、東京で暮らし、関西弁を愛する関西人の一人です。

二〇二五年　大阪・関西万博の年に、天王寺にて

金水　敏

参考文献

第一章

尾上圭介『大阪ことば学』創元社、一九九九年（後に岩波現代文庫より復刊、二〇一〇年）

滝浦真人『ポライトネス入門』研究社、二〇〇八年

豊島美雪&こそっと関西オノマトペ研究会『キュッと曲がって90°！　関西オノマトペ用例集』組立通信、二〇一〇年

前田勇『大阪弁入門』朝日新聞社、一九六一年（後に朝日選書より『大阪弁』として復刊、一九七七年）

三島由紀夫『文章読本』中央公論社、一九五九年

Brown, Penelope and Levinson, Stephen C. (1978/1987). *Politeness: Some Universals in Language Usage*, Cambridge. Cambridge: University Press.（＝田中典子（監訳）斉藤早智子・津留崎毅・鶴田庸子・日野壽憲・山下早代子（訳）『ポライトネス――言語使用における、ある普遍現象』研究社、二〇一一年）

第二章

NHK放送文化研究所（編）『NHK日本語発音アクセント新辞典』NHK出版、二〇一六年

金田一春彦（監修）秋永一枝（編）『新明解日本語アクセント辞典 第2版 CD付き』三省堂、二〇一四年

窪薗晴夫『アクセントの法則』岩波科学ライブラリー、二〇〇六年

小林隆・澤村美幸『ものの言いかた西東』岩波新書、二〇一四年

杉藤美代子『日本語のアクセント、英語のアクセント――どこがどう違うのか』ひつじ書房、二〇一二年

中井幸比古「京都祇園祭における御守り売りの口上歌について」『香川大学教育学部研究報告』第一部八九号、一九九三年
松森晶子・新田哲夫・木部暢子・中井幸比古（編）『日本語アクセント入門』三省堂、二〇一二年

第三章

井上章一『関西人の正体』朝日文庫、二〇一六年
鎌田良二『兵庫県方言文法の研究』桜楓社、一九七九年
岸江信介「三重県の方言概説」真田信治（監修）『関西弁事典』ひつじ書房、二〇一八年
金水敏『日本語存在表現の歴史』ひつじ書房、二〇〇六年
金水敏・田中ゆかり・岡室美奈子（共編）『ドラマと方言の新しい関係――『カーネーション』から『八重の桜』、そして『あまちゃん』へ』笠間書院、二〇一四年
江弘毅『K氏の大阪弁ブンガク論』ミシマ社、二〇一八年
真田信治（監修）『関西弁事典』ひつじ書房、二〇一八年
真田信治「河内弁」真田信治（監修）『関西弁事典』ひつじ書房、二〇一八年
高木千恵「大阪府の方言概説」真田信治（監修）『関西弁事典』ひつじ書房、二〇一八年
田中ゆかり『「方言コスプレ」の時代――ニセ関西弁から龍馬語まで』岩波書店、二〇一一年（後に岩波現代文庫より復刊、二〇二四年）
都染直也「兵庫県の方言概説」真田信治（監修）『関西弁事典』ひつじ書房、二〇一八年
徳川宗賢『日本語の世界8――言葉・西と東』中央公論社、一九八一年
中井精一「いくつもの大阪といくつもの大阪弁」真田信治（監修）岸江信介・中井精一・鳥谷善史（編）『大阪のことば地図』和泉書院、二〇〇九年

中井精一「関西弁と社会階層」真田信治（監修）『関西弁事典』ひつじ書房、二〇一八年
中井精一「和歌山県の方言概説」真田信治（監修）『関西弁事典』ひつじ書房、二〇一八年
中井精一「奈良県の方言概説」真田信治（監修）『関西弁事典』ひつじ書房、二〇一八年
西尾純二「泉州弁」真田信治（監修）『関西弁事典』ひつじ書房、二〇一八年
平山輝男（編集代表）郡史郎（編）『大阪府のことば』明治書院、一九九七年
平山輝男（編集代表）中井幸比古（編）『京都府のことば』明治書院、一九九七年
松丸真大「京都府の方言概説」真田信治（監修）『関西弁事典』ひつじ書房、二〇一八年
松丸真大「滋賀県の方言概説」真田信治（監修）『関西弁事典』ひつじ書房、二〇一八年

第四章

金水敏『ヴァーチャル日本語 役割語の謎』岩波書店、二〇〇三年（後に岩波現代文庫より復刊、二〇二三年）
金水敏「役割語と関西弁」真田信治（監修）『関西弁事典』ひつじ書房、二〇一八年
相良真理子・岩田陽子「『大阪時事新報』に見る明治後期の衛生環境」大谷渡（編）『大阪の近代――大都市の息づかい』東方出版、二〇一三年
真田信治（監修）岸江信介・中井精一・鳥谷善史（編）『大阪のことば地図』和泉書院、二〇〇九年
都市研究会（編）『地図と地形で楽しむ 大阪淀川歴史散歩』洋泉社、二〇一八年
仲野徹『仲野教授のそろそろ大阪の話をしよう』ちいさいミシマ社、二〇一九年
松本修『どんくさいおかんがキレるみたいな。――方言が標準語になるまで』新潮文庫、二〇一三年

第五章

金水敏『ヴァーチャル日本語 役割語の謎』岩波書店、二〇〇三年（後に岩波現代文庫より復刊、二〇二三年）

金水敏「村上春樹と関西方言について――遠心的／求心的な移動とポリフォニー」中村三春（監修）・曽秋桂（編）『村上春樹における移動』淡江大學出版中心、二〇二〇年
金水敏・田中ゆかり・岡室美奈子（共編）『ドラマと方言の新しい関係――『カーネーション』から『八重の桜』、そして『あまちゃん』へ』笠間書院、二〇一四年
後藤早貴「漫画における関西弁の特徴と役割」『人間文化＝Humanities and sciences：H&S』二四巻、神戸学院大学人文学会、二〇〇八年
田中ゆかり『「方言コスプレ」の時代――ニセ関西弁から龍馬語まで』岩波書店、二〇一一年（後に岩波現代文庫より復刊、二〇二四年）
札埜和男『大阪弁「ほんまもん」講座』新潮新書、二〇〇六年
牧村史陽（編）『大阪ことば事典』講談社、一九七九年（後に講談社学術文庫より復刊、一九八四年）

第六章

石毛直道・井上章一・桂小米朝・木下直之・旭堂南海・島﨑今日子・宮田珠己『勝手に関西世界遺産』朝日新聞出版、二〇〇六年
井上史雄・鑓水兼貴（編）『辞典〈新しい日本語〉』東洋書林、二〇〇二年
尾崎喜光（編）『国内地域間コミュニケーション・ギャップの研究――関西方言と他方言の対照研究』科学研究費補助金研究成果報告書、二〇一一年
尾上圭介『大阪ことば学』創元社、一九九九年（後に岩波現代文庫より復刊、二〇一〇年）
江弘毅『K氏の大阪弁ブンガク論』ミシマ社、二〇一八年
小林隆・澤村美幸『ものの言いかた西東』岩波新書、二〇一四年
真田信治（監修）岸江信介・中井精一・鳥谷善史（編）『大阪のことば地図』和泉書院、二〇〇九年

陣内正敬「関西的コミュニケーションの広がり——首都圏では」陣内正敬（編）『コミュニケーションの地域性と関西方言の影響力についての広域的研究』科学研究費補助金研究成果報告書、二〇〇三年
陣内正敬「ポライトネスの地域差」小林隆・篠崎晃一（編）『方言の発見』ひつじ書房、二〇一〇年
髙比良くるま『漫才過剰考察』辰巳出版、二〇二四年
滝浦真人『ポライトネス入門』研究社、二〇〇八年
藤本義一・丹波元『大阪人と日本人——マナーから人生観まで、違いのすべてを徹底検証』PHP文庫、二〇〇一年
日高水穂「漫才の賢愚二役の掛け合いの変容——ボケへの応答の定型句をめぐって」『國文學』一〇一号、関西大学国文学会、二〇一七年
日高水穂「漫才の賢愚二役の名称と役割の変容——「ツッコミ」「ボケ」が定着するまで」『近代大阪文化の多角的研究——文学・言語・映画・国際事情』関西大学なにわ大阪研究センター、二〇一七年
日高水穂「談話展開からみた〈創生期〉の東西漫才」『國文學』一〇二号、関西大学国文学会、二〇一八年
日高水穂「掛け合いが生み出す笑い——漫才の賢愚二役の掛け合いの型」『日本語学』第三八巻第六号、明治書院、二〇一九年
日高水穂「役割関係からみた〈完成期〉の東西漫才」『國文學』一〇三号、関西大学国文学会、二〇一九年
日高水穂「演者の出身地からみた現代漫才——『M-1グランプリ』決勝コンビの分析」『國文學』一〇七号、関西大学国文学会、二〇二三年
吉岡泰夫「コミュニケーション意識と敬語行動にみるポライトネスの変化」陣内正敬・友定賢治（編）『関西方言の広がりとコミュニケーションの行方』和泉書院、二〇〇五年
Brown, Penelope and Levinson, Stephen C.（1978/1987）. *Politeness: Some Universals in Language Usage*, Cambridge. Cambridge: University Press.（＝田中典子（監訳）斉藤早智子・津留﨑毅・鶴田庸子・日野壽憲・山下早代子（訳）『ポライトネス——言語使用における、ある普遍現象』研究社、二〇一一年）

第七章
井上宏「解説」『大阪ことば学』創元社、一九九九年（後に岩波現代文庫より復刊、二〇一〇年）
尾上圭介『大阪ことば学』創元社、一九九九年（後に岩波現代文庫より復刊、二〇一〇年）
金水敏『ヴァーチャル日本語 役割語の謎』岩波書店、二〇〇三年（後に岩波現代文庫より復刊、二〇二三年）
後藤早貴「漫画における関西弁の特徴と役割」『人間文化＝Humanities and sciences：H&S』二四巻、神戸学院大学人文学会、二〇〇八年
陣内正敬「関西弁の広がりと日本語のポストモダン」陣内正敬・友定賢治（編）『関西方言の広がりとコミュニケーションの行方』和泉書院、二〇〇五年
陣内正敬・友定賢治（編）『関西方言の広がりとコミュニケーションの行方』和泉書院、二〇〇五年
田中ゆかり『「方言コスプレ」の時代――ニセ関西弁から龍馬語まで』岩波書店、二〇一一年（後に岩波現代文庫より復刊、二〇二四年）
松本修『どんくさいおかんがキレるみたいな。――方言が標準語になるまで』新潮文庫、二〇一三年

終章
村上春樹・安西水丸『村上朝日堂の逆襲』新潮文庫、一九八九年

資料出典

第一章

「にゃんペディア」(https://nyanpedia.com/)
『夫婦善哉 正続 他十二篇』織田作之助(著)、岩波文庫、二〇一三年
『潮騒』三島由紀夫(著)、新潮文庫、一九五五年
『鱧の皮 他五篇』上司小剣(著)、岩波文庫、一九五二年
『乳と卵』川上未映子(著)、文藝春秋、二〇〇八年
「時うどん」『桂 枝雀 落語大全 第二十二集』(DVD)、桂枝雀(出演)、EMI MUSIC JAPAN、二〇〇三年
※「時うどん」の文字化に関しては、次のサイトも参照した。
【上方落語メモ第1集】その三(http://kamigata.fan.coocan.jp/kamigata/rakugo03.htm)
「時そば」『CDブック 五代目柳家小さん落語全集』小学館、二〇〇〇年
『東京の生活史』岸政彦(編)、筑摩書房、二〇二一年
『大阪の生活史』岸政彦(編)、筑摩書房、二〇二三年
『探偵! ナイトスクープ DVD Vol. 7&8 BOX』ワーナー・ホーム・ビデオ、二〇〇七年

第三章

『鴨川ホルモー』万城目学(著)、産業編集センター、二〇〇六年

『鹿男あをによし』万城目学（著）、幻冬舎、二〇〇七年
『プリンセス・トヨトミ』万城目学（著）、文藝春秋、二〇〇九年
『偉大なる、しゅららぼん』万城目学（著）、集英社、二〇一一年

第四章

「桃太郎侍」高橋英樹版、第一話「八百八町罷り通る」一九七六年一〇月放送（https://www.youtube.com/watch?v=t3WOGxojKuY）
「大阪湾の歴史」大阪湾環境データベース、国土交通省近畿地方整備局（http://kouwan.pa.kkr.mlit.go.jp/kankyo-db/intro/detail/rekishi/detail_p07.aspx）
「夏祭浪花鑑」『文楽床本集』国立文楽劇場、二〇二三年
「早慶戦」『大阪笑話史』秋田実（著）、編集工房ノア、一九八四年
『夫婦善哉　正続　他十二篇』織田作之助（著）、岩波文庫、二〇一三年
「代書」『米朝落語全集』第七巻、桂米朝（著）、創元社、一九八二年
「【完全版】ミルクボーイ、M-1ネタ「コーンフレーク」のノーカット版を披露「＃Twitterトレンド大賞2019」」（https://www.youtube.com/watch?v=VjBQtr4lH0k&t=70s）
『日本国語大辞典』第二版、小学館、二〇〇三年

第五章

『海辺のカフカ』上巻、村上春樹（著）、新潮文庫、二〇〇五年
「関西弁について」『村上朝日堂の逆襲』村上春樹・安西水丸（著）、新潮文庫、一九八九年
『パーマン』①、藤子・F・不二雄（作）、小学館コロコロ文庫、一九九七年

『あしたのジョー』①、高森朝雄・ちばてつや（作）、講談社、一九八〇年
『いなかっぺ大将』①、川崎のぼる（作）、GORAKU COMICS、一九七六年
『シェイクスピアの面白さ』中野好夫（著）、新潮選書、一九六七年
『SLAM DUNK』③、井上雄彦（作）、集英社、一九九一年
『新世紀エヴァンゲリオン』②、貞本義行（漫画）、角川コミックス・エース、一九九六年
『劇場版アニメコミック名探偵コナン １００万ドルの五稜星』上巻、青山剛昌（作）・大倉崇裕（脚本）、小学館、二〇二四年
『怪獣８号』①、松本直也（作）、集英社、二〇二〇年
『地面師たち』新庄耕（著）、集英社文庫、二〇二二年
「地面師たち」Netflix（https://www.netflix.com/watch/81716510?trackId=14170032）

第六章

「投書欄」『朝日新聞』大阪版、二〇一五年一〇月二〇日
「漫才師のリアル」『BRUTUS 漫才ブルータス』マガジンハウス、二〇一六年一一月一五日号
【公式】「秘密のケンミンSHOW極」【大阪】なにわファミリーの秘密に迫る！受け継がれるお笑いDNA」二〇一九年一一月二八日放送（https://www.youtube.com/watch?v=8ftJXONDzA8&t=461s）

第七章

「イエスタデイ」『女のいない男たち』村上春樹（著）、文藝春秋、二〇一四年
『よう知らんけど日記』柴崎友香（著）、京阪神エルマガジン社、二〇一三年
「猛虎弁とは」なんJ wiki（https://w.atwiki.jp/openj3/pages/206.html#id_08735711）

「なんJ」ピクシブ百科事典（https://dic.pixiv.net/a/%E3%81%AA%E3%82%93J）
「【悲報】ワイ「平成とともにいなくなったンゴ…」→結果wwwwwwwwww【2ch面白いスレ】」（https://www.youtube.com/watch?v=5iJcyA6B-rU）

＊URLの最終閲覧日はいずれも二〇二五年三月一八日

著者略歴

金水 敏（きんすい・さとし）

1956年、大阪府生まれ。放送大学大阪学習センター所長、大阪大学名誉教授。東京大学大学院人文科学研究科博士課程退学。大阪女子大学助教授、神戸大学助教授、大阪大学教授等を経て、2022年より現職。博士（文学）。専門は日本語史、役割語（言語のステレオタイプ）研究。日本学士院会員。文化功労者（2023年）。著書に『日本語存在表現の歴史』（ひつじ書房、第25回新村出賞受賞）、『ヴァーチャル日本語 役割語の謎』『コレモ日本語アルカ?——異人のことばが生まれるとき』（以上、岩波現代文庫）、編著に『役割語研究の地平』『役割語研究の展開』（以上、くろしお出版）、「シリーズ日本語史」（全4巻、岩波書店）、『〈役割語〉小辞典』（研究社）、『よくわかる日本語学』（ミネルヴァ書房）などがある。

SB新書 691

大《おお》阪《さか》ことばの謎《なぞ》

2025年5月5日 初版第1刷発行

著　　者　金水《きんすい》 敏《さとし》
発 行 者　出井貴完
発 行 所　SBクリエイティブ株式会社
〒105-0001 東京都港区虎ノ門2-2-1
装　　丁　杉山健太郎
装画・挿絵　森優
D T P 図版作成　株式会社キャップス
校正・校閲　株式会社鷗来堂
印刷・製本　中央精版印刷株式会社

JASRAC 出2502481-501

本書をお読みになったご意見・ご感想を下記URL、
または左記QRコードよりお寄せください。
https://isbn2.sbcr.jp/24712/

落丁本、乱丁本は小社営業部にてお取り替えいたします。定価はカバーに記載されております。
本書の内容に関するご質問等は、小社学芸書籍編集部まで必ず書面にて
ご連絡いただきますようお願いいたします。

ISBN 978-4-8156-2471-2